受験学力

和田秀樹

Wada Hideki

a pilot of wisdom

目次

第3章　学力と日本の教育について考える

真の学力とは何か
普通教育の意味
一芸秀才、天才への期待は妥当なものか
学力と学ぶ力
総合的な学習の意義とは
高校受験、大学受験の易化とその影響
学習動機をどうつけるか
世界のお手本となった日本の初等中等教育
初等中等教育で身につけるべき学力
基礎学力の意味
大学で身につけるべき学力とは
ペーパーテストのほうがフレキシブルにニーズに応えられる

あとがき―― 251

図版作成／クリエイティブメッセンジャー

プロローグ

今、問われる受験学力

２０１４年12月22日に、多くの高校教育関係者を慌てさせる答申がだされた。

中央教育審議会による「新しい時代にふさわしい高大接続の実施に向けた高等学校教育、大学教育、大学入学者選抜の一体的改革について」（今後も何度もでてくるので、以下「答申」と呼ぶ）というものだが、いちばん注目されたのは、既存のセンター試験を廃止して新テストを導入することと、すべての国立大学の入学試験を、実質ＡＯ入試（ＡＯ入試とはアドミッションズ・オフィス入試の略。学科試験による一般入試とは異なり、内申書や面接、小論文などにより合格者を決める）化するということである。

この中では、知識量のみを問う「従来型の学力」は明確に否定され、「生きる力」（ゆとり教育導入の際に旗印にあげられた語である）を身につけさせることの重要性が強調されている。

具体的には、センター試験の代わりに、「思考力・判断力・表現力」を中心に評価する新テスト「大学入学希望者学力評価テスト（仮称）」（以下、「希望者テスト」と呼ぶ）が導入され、また各大学が個別に採用する入学者選抜（以下「個別選抜」という）では、14ページで述べる学力の3要素を踏まえた多面的な選抜方式をとれというものである。

「個別選抜」の具体的な評価法としては、「希望者テスト」の成績に加え、小論文、面接、集団討論、プレゼンテーション、調査書（いわゆる内申書）、活動報告書、大学入学希望理由書や学修計画書、資格・検定試験などの成績、各種大会などでの活動や顕彰の記録、その他受検者のこれまでの努力を証明する資料などを活用する（驚いたことに、「個別選抜」の際のペーパーテストの成績がこの例に入っていない）ように提言されている。

これがただの提言でないのは、この「答申」の強い文面から窺《うかが》われる。

各大学のアドミッション・ポリシー（入学者の受け入れ方針）の策定を法令上位置づけるように提言しているし、主体的に改革に取り組む大学にはインセンティブとして財政的措置を検討することが明言されている。

ご存じの方も少なくないと思うが、現在は、元々の意味での国立大学は存在しない。すべての国立大学は、実は、国立大学法人という名の独立法人である。海外のように大学が資産運用を行ったり、いろいろな会社をスポンサーにして研究費を集めたり、あるいは富裕者が大学に多額の寄付をしたりという文化がほとんどない日本では、大学の経営は、文部科学省からの補助金が生命線を握る。文科省にへそを曲げられて補助金をもらえなくなれば、授業料を上げてもやっていける大学を除けば、研究費どころか職員の給料もだせなくなる。

表向きは、改革を行った学校に補助金を増やすように見えるが、日本の教育政策として、大学全体の予算を増やすようには思えないので、入試改革をやらない大学は補助金を減らされることになるだろう。

そうなると、結果的にすべての国立大学が、AO入試化することになる。

現に東京大学は、2016年の春入試からAO入試を導入し、2018年の春入試から、いったん廃止された理科三類（医学部進学コース）の入試面接も復活することになった（入試面接は1999年から2007年まで実施されていた。面接は教養課程から医学部に上がる時にやればいいと思うのだが、なぜか入試面接の形をとるのも文科省の意向を汲《く》んでの話だろう）。

さらに2016年3月31日に、この「答申」を具体的にどういう形で実現するかについての文科省の諮問《しもん》会議である「高大接続システム改革会議」が最終報告（これも今後は何度もでるので、以下「最終報告」と呼ぶ）を公表した。後述するように、「希望者テスト」の細部で一部変更点があったが、「答申」の方向性は確認されている。

政府ないし文科省は強い意志をもって、「従来型の受験学力」を否定し、「新しい学力」がないと大学には入れないような改革を断行しようとしているのは確かなようだ。

「生きる力」と「確かな学力」

彼らは、知識や技能を測るこれまでの大学入試（気の利いた問題をだす大学では、とても知識や技能だけでは、少なくとも知識だけでは、合格できないのだが）を否定しているが、では、どういう学力を身につけろというのだろう。「答申」に書かれていることにそって、概観してみよう。

彼らが一貫して主張しているのは、「生きる力」である。

その具体的な内容というのは、①豊かな人間性、②健康・体力、③確かな学力、だ。

「豊かな人間性」というのは、一般の人がイメージするものとは若干違って、高校時代の課題としては、国家および社会の責任ある形成者として必要な教養と行動規範を身につけることを目標としている。

「健康・体力」は、「健康や体力を養うとともに、自己管理などの方法を身につけること」が高校レベルの目標とされている。

それでは、文科省（および、私がその御用学者とみている、審議会の委員たち）の考える「確かな学力」とはどんなものだろうか？

大学受験で求められるのは、この「答申」で高等学校教育を通じて身につけるべきことということになるだろうが、それは以下の3点があげられている。

1　これからの時代に社会で生きていくために必要な、「主体性を持って多様な人々と協働して学ぶ態度（主体性・多様性・協働性）」を養うこと

2　その基盤となる「知識・技能を活用して、自ら課題を発見しその解決に向けて探究し、成果等を表現するために必要な思考力・判断力・表現力等の能力」を育むこと

3　さらにその基礎となる「知識・技能」を習得させること

である（「答申」6ページより）。

従来の学力や受験学力では、3しか身についていないが、そんなものは、最低レベルの話であって、その上に、1、2を、高校時代、あるいは、大学に入るまでに身につけろというのだ。

世界最下位レベルの低学歴社会・日本

もちろん、私はこの考え方には大反対である。

たとえば、アメリカのハーバード大学のアドミッション・オフィスは2000人もの専従職員をかかえ、面接のプロが面接し、レポートにしても年長者が代筆したものかどうかのチェックも綿密に行う。一方、これから行われる日本の入試改革は、言葉は悪いが、大学の教授が講義や研究の片手間にやるものだ。

ある種の特訓を受ければ、面接だって、簡単にパスできるだろうし、大学入学希望理由書や学修計画書などは大人が書いて、受験生に写させたほうがはるかに高い点がつくだろう。現実に、鳴り物入りで実施された東大のAO入試だって、たった一つの塾が合格者の6分の1を占めてニュースになった。大手予備校が本気で対策すれば、大学側がハーバードのような本格的なアドミッション・オフィスをつくらない限り、そこで面接や小論文、あるいは集団討論のトレーニングを受けて、対策をした受験生たちが圧倒的に有利になるだろう。

いちばん大きな問題は、そうでなくても今の学生たちの学力低下が問題なのに、その学力の向上より、別の学力を要求する姿勢だろう。

日本人のほとんどは意識していないが、日本は、現時点では先進国では最下位レベルの低学歴社会である。

ちなみに日本では学歴というと、東大卒とか早稲田大卒とか出身大学のことを指すことが多いが、それは正確には学校歴という。学歴というのは、あくまで、中卒、高卒、大卒、修士、博士というようなものを指す。

日本の大学進学率が5割というのは、諸外国の統計（6割から7割のところが多い）に比べると低いが、実際は、外国では日本の専門学校のようなところもカレッジの扱いを受けて、大学進学率にカウントされるという事情がある。それを考えるとそんなには低くない。

私が日本が低学歴社会だというのは、先進国の中で群を抜いて博士が少ないからだ。たとえば、外国では大臣レベルの人は、少なくとも修士レベル、多くは博士レベルだ。外交の交渉の場にでてくる高級官僚も原則的に博士レベルだ。

彼らは、ドクターの称号をもたない人を見下すことが珍しくない。多くの国で知的レベルが低い人を見下すところがあるので、学歴の差は、心理的に立場を弱くする（日本の政治家は、こういうことを知らない人が多いので、大卒レベルでも堂々としていられるのかもしれないが）。

彼らは、学歴に対する信仰がこちらが思う以上に強い。高卒より大卒、大卒より修士卒のほうが賢いと素直に信じている。

日本の場合は、大学に長くいるほど、つまり、修士や博士のほうが大卒より就職に不利とされる。会社の経営者や幹部が、大学の教育を信用していないからだろう。外国のビジネススクールなどでは、現職の経営者や政治家が教えにくるし、実務家の教員も多い。日本の場合は、大学の外にでたことがない人が大学院で教えていることが多いので、「使えない」と思われてしまうわけだ。

教員のキャリアの問題だけでなく、日本の場合は、大学受験までに基礎的能力が完成されていると考えられがちだ。だから、大学に入ってからの知的能力の逆転があまり考えられず、結果的に学校歴社会になってしまう。

今回の「答申」の最大の問題点は、高校卒業まで、あるいは大学入試で学生に求めることが多く、結果的に、現行の大学教育（その改革にも言及はされているが）を追認している形になっていることだ。

大学進学率が5割という時代であれば、高校までの初等中等教育では、しっかりした基礎学力を求め、文科省のいう確かな学力のうち、主体性・多様性・協働性や思考力・判断力・表現力などは大学に入ってから身につければいいというのが、先進諸国のトレンドなのである。

大学にそれを求めず、基礎学力を犠牲にしてでも、応用学力的なものを高校生レベルの子供に求めるのは、少なくとも世界のトレンドに反している。

実際、高い基礎学力は、どの国でも教育改革の目標とされるものだ。

アメリカやイギリスは60年代から70年代に日本のゆとり教育に近い形の自主性重視の教育改革を行ったが、深刻な学力低下に見舞われ、80年代になると教育の充実の必要性が叫ばれ、結果的に日本を手本にしたという歴史がある。アジアの多くの国も日本を手本に教育システムを構築してきた。

高い基礎学力があれば、応用学力を伸ばしやすい。私の知る限り、東大をでて、海外のビジネス・スクールなどの高等教育機関に留学して、落ちこぼれたという話をこれまで聞いたことはない。

また、受験勉強はオリジナリティを阻害するとされるが、これまでの日本のノーベル賞受賞者は、文学賞や平和賞まで含めて、すべて日本の国立大学の出身者だ。少なくとも初等中等教育を海外で受けた日本人や日系人はノーベル賞をとったことはない。

学校歴を大切にする人には、新試験の対策が重要だろうが、将来を考えるなら、あえて「従来型の学力」（＝高い基礎学力）を大学に入るまでに身につけてほしいというのが、私の本意である。

私の現在のベースとしての受験体験

個人的体験を普遍化するのは、本来、学者のやってはいけないことだが、現在の私の知的活動のベースにあるのは、受験体験（特に大学受験体験）であったことは断言できる。

これについては後述するが、私が受験勉強で身につけた、英語力や数学力のような、いわゆる「学力」が直接役にたっているといいたいわけではない。

そうではなくて、スケジュールの管理能力や、目標設定能力など、いわゆる受験テクニックを通して身につけたものが、今、役にたっているのだ。

たとえば、私がこれまで600冊以上の本を出版できているのも、締め切りを設定されれば、締め切りまでに合格点（満点ではない）に達するようにするとか、そのための方法論を探そうとするというのが、受験時代に身についたからだ。

何をいわれているかピンとこないかもしれないが、東大の理科三類に受かりたければ、2月25日の受験日までに、センター試験で9割とって、二次試験で440点中290点とれるようになればいいということである。満点は目指さなくてよいが、2月25日に290点とれるようにならなければ、1年浪人することになってしまう。これが受験勉強なのである。

もちろん、そのためには高い学力が必要なのだが、私は一方でダメなものは捨てた（それでも、東大理三にでも合格するくらいの点はとれる）。そして、数学なら数学、英語なら英語で、どうすればいちばん効率よく身につけることができるかを考え、いいと思ったやり方はあれこれと試した。その場合自分の能力特性に合わせた勉強が必要となる。当時の私は機械的暗記は苦手だったが、理解できると暗記ができたので、それを大いに活用した。

この経験が、「どんなものにでも身につける方法論やテクニックがあるし、それを知らないまま、勉強や仕事をすると、時間がかかる割に結果が悪い」という信念につながっている。

私は映画監督として、47歳で遅いデビューをしたのだが、いきなり海外の映画祭でグランプリを頂いた。これもその信念のおかげだ。それ以上に、22日間でその映画を撮り終わり、スタッフやキャストの方に残業で迷惑をかけないで済んだのも、予算通りに映画が撮れたのも、すべてこのような方法論を身につけたおかげだ。

私が今の枠組みのペーパーテスト一発勝負型の大学入試を支持するのも、きちんとそれを指導する人さえいれば、他の人が考える以上に、受験体験で身につくものが多いと考えるからだ。

私の考える受験学力と素質論

私の考える「受験学力」とはきわめてシンプルなものである。

要するに、「その学校の入学試験日までに、合格最低点をクリアする学力」ということだ。

これはほとんどありとあらゆる資格試験に共通するものだ。

実技が課される資格試験もあるだろうが、それができるようになることも含めて、合格点を、その資格試験が行われる日までに身につければいい。

私がこの改革に反対なのは、面接にしても小論文にしても、集団討論にしても、これらは試験当日までに対策のできる種類のものであるが、その道のプロの指導を受けてトレーニングを受けた人とそうでない独学の人では、差がつきすぎるからだ。

従来型の受験勉強であっても、もちろんプロの指導を受けたほうが有利だ。ただ、独学でそのハンディを跳ね返す人は少なくない。あるいは、受験のテクニック書を読んだうえで、その後は、独学ということは可能だ。実際、私の主宰する通信受験指導を受けて東大理三にトップで入った子もいる。

しかし、面接や小論文は、やはり指導を受けた人のほうがコツははるかにつかみやすい。大学の面接官が、プロの指導を受けた人を落とすだけの眼力があればいいが、能力がある（あるいは、訓練で身につけた）のに落とすというのは本末転倒なところもある。

そうでなくても、貧しい人や地方の人が一流の大学や医学部に入りにくいという現状があるのに、この教育格差がさらに助長されることになりかねないのだ。

それなら、現行の「従来型の受験」のほうが、まだ、独学力を身につけさせるという点でも、まだましなのではないか（絶対善とはいわないが）と私は信じている。

ここで問題になるのは、どんな形の入学試験でも、生まれついての素質があるかないかの勝負であって、努力だけではどうしようもないものがあるのではないかということだ。

受験競争（あるいは、その後の学歴社会）の批判論者は、そういう意味で、受験競争は不平等なものではないかということを強調する。

確かにいくつかの社会学的な調査では、親の学歴と子の学歴の相関が高まっている話がでている。ただし、多くの場合その解釈は、子供を塾や名門の中高6年間一貫校に行かせやすい層の子のほうが受験に有利だからというような話になっている。

学校歴については、明確な調査がしにくいこともあって、この手の社会学的な調査データは少ないが、現実に、親が東大卒の子が東大に入る率は、そうではない親の子よりはるかに高いだろうし、私も自分の子供を御三家といわれる中学高校に通わせた経験から、それらの学校に通う子供の親の学校歴も御三家レベルだった印象が強い。

私自身、中学生の頃に、大学受験は結局素質なのではないかと思ったことがある。灘《なだ》中学に5番で入学したのに、1年生の終わりには、173人中120番程度まで落ちた時のことだ。当時から「分析的」だった私は、自分や成績が下がった子の親と、入学後成績が上がった子たちの親の学歴をなんとなく調べたのだ。すると、成績が上がったほうの子は、ほとんどの親が東大や京大、もしくは医学部を卒業していた。

それがあきらめにつながり、高校1年生くらいまで劣等生だったのだが、高校2年生の時、あるきっかけで受験勉強に目覚め、それなりにテクニックを開発して、高校3年生になった時点では、すでに理科三類に合格のメドがたっていた。

その時に、改めて考えなおしたのだが、おそらく親が高学歴の家庭では、子供が灘中に入った時に、中学1年で英語や数学の中学課程をほとんど終わらせることを親が知っていたため、入学してすぐにしっかり基礎を身につけさせようと勉強させていた。それに対して、私のように親に大した学歴がない家庭では、それまで2年も中学受験で、いろいろなことをがまんしたのだし、大学受験は6年後なのだから、中学1年くらいは、遊ぶことを許したのだろう（少なくともうちはそうだった）。

結局は、大学受験の成否は、素質ではなく、親から子へのテクニックの伝承なのだと痛感した。

私は灘中学に入ることで、横入りをするような形で、親から得られないテクニックを、同級生や先輩から盗むことができた。そのテクニックを、灘中を落ちて、当時、京大に一人、大阪大学に数人入るレベルの高校で上から80番くらいだった弟に教えて、その学校の開校以来二人目に当たる、東大文科一類の現役合格者にした（彼が頑張ったのだから合格者になったというべきなのだろうが）。

27歳の時に、このテクニックのエッセンスを『受験は要領』という本にまとめた。以来、数多くの受験テクニック書を書いているが、多くの地方出身者から、「先生のおかげで、○○大学に合格できました」などという感謝の言葉を頂き、面はゆいが素直に嬉《うれ》しい出来事が今でも続いている（たまたま、この原稿を書いた前日にも、東北大学の医学部をでた起業家の相談に乗っていたのだが、最後になって「実は……」という話になった）。

受験勉強で身につく「生きる力」と「考える力」

「答申」を読む限り、文科省や、審議会の委員の人たちは、現行の「知識偏重」の受験勉強では、生きる力や主体性、考える力などが身につかないと考えているようだ。

私は、それらが身につくはずだと信じているし、実際に身についた体験をしている。ある目標があるならば、それには方法論があるはずだという人生観が得られたのだ。できなかったら、素質がないとあきらめるのでなく、まず方法論を探してから、それに着手するということを、ずっと続けてきたということである。

映画監督にしても、学生時代に、段取りが悪くて失敗した体験があり、映画の現場で使い走りを経験することで、方法論を知ることができたから今も続けられている（映画を撮るための資金集めの方法論は今、勉強中であるが）。

文筆業にしても、実は、受験生時代は、国語が苦手で、文章を書くのも下手だったのだが、大学生時代に、雑誌記者のアルバイトをしているうちに技術を身につけることができ現在にいたっている。

私の本を読んで、東大なり、医学部に入れたと感謝してくれる人が口々にいってくれるのは、「大学に入れた以上にありがたかったのは、うまくできなかった時に、何か方法があるはずだと思えて、それを探すことで、その後もうまくいっていることです」ということだ。資格試験であれ、起業であれ、彼らはノウハウ書を探したり、あるいは、よい師やアドバイザーを探すことで、成功者になれているのである。

これがまさにいつの時代でも通じる「生きる力」であろう。

私が最初に受験勉強のテクニック書をだした際に、「こういうテクニックを知って受かる人間は、受かるためだけに勉強をしているから、大学に入ったら勉強しなくなる」と批判する人が多かった。

私自身、大学に入ってから勉強をしなかった口なので、その批判は甘受していた。

ところが、そういう受験テクニックを知って大学に入った人のほうが、その後の人生において、うまくいくためには何か方法があるはずだとか、うまくいかない時には、何らかのやり方を探そうという風に前向きになるようだ。

『受験は要領』の13年後に書いた、『大人のための勉強法』という本がベストセラーになったのだが、その読者の多くは、私の受験勉強法の本で大学に受かったという人たちだった。大学に入って勉強をしなくなるどころか、大人になってからもむしろ勉強法を求めているのである。

これは私には大きな自信になったし、おそらく、ある受験勉強の方法論が、将来にまで影響を及ぼしていることを示す、これほど大きなサンプルをもっている人間は日本にはいないと信じている。

私は、受験勉強における考える力というのは、目の前にあるペーパーテストの問題を考える力である以上に、今の学力でどうやって志望校に受かるかを考える力であるとみている。

また、私を批判する人には、受験勉強は競争的、排他的なものであり、孤独に行うものであるから、性格形成にも悪影響を与えるし、これからの時代に必要な協働性などが身につかないと考える人が多い。

しかし、これについても、私自身の体験から否定する。灘高校での受験勉強を通じて、協働であるとか、今でいうwin-winの体験ができたからだ。

これも私のその後の人生に大きな影響を与えたものだ。

当時の灘校は、東大合格者数日本一だったので、他の学校に負けたくないという意識が強かったのと、受験勉強というのは他人を蹴落として受かるものではなく、合格ラインを突破すれば、他のやつが受かろうが落ちようが合格できるという意識を共有していたので、むしろ受験の時は学生同士が助けあった。

足を引っ張りあうより、教えあうほうがパフォーマンスが上がるのは当然のことだ。

いい参考書や予備校情報があればすぐに教えあったし、わからない問題も教えあった。精神的にへこたれている人がいれば、「今、あきらめたらもったいないで」と支えあった。

仲が悪かった学生たちが、受験の年になると仲がよくなるのである。私もいじめられっ子であったが、受験の年にはそうでなくなった。

多くの受験名門校では似たようなことが起こっているようだし、かえって受験名門校でない学校のほうが、受験の年は殺気立つという。もちろん、そんな学校の進学実績は悪い。

私にいわせると、受験勉強を批判する人間の多くは、受験勉強のことがよくわかっていない。現行の受験勉強を批判して、「実験的に」改革するより、受験勉強で身につくことをきちんと意識させたほうが、受検の合格だけでなく、はるかに将来に役立つ能力が身につく。

そう考えて本書を上梓《じようし》する。

少なくとも、何のために受験勉強をやるのかがはっきりしたほうが、かえって「合格のためだけの勉強」でなくなるし、一生使える能力が身につくはずだと私は信じている。

たとえば、歴史の年号を記憶するにしても、それが社会にでて何の役にたつのだと疑念をもつより、社会にでてから役立つ記憶のトレーニングをしているのだと考えたほうが、はるかにモチベーションも上がるし、記憶術を探すというテクニックの探求にもつながりやすい。このような自覚のヒント（学生だけでなく、それを指導する親や教師にとってもそうであると信じている）として本書を利用して頂ければ、著者として幸甚この上ない。

第1章　２０２０年入試改革と受験学力

２０２０年度から入試がどう変わるのか（センター試験）

プロローグで触れたように、２０２０年度から（実際は、２０２１年の春入試から）大学の入学試験は大きく変わる。

今のところ、２０１４年12月に中教審がだした「答申」と２０１６年３月にだされた「最終報告」に具体案がだされているので、その二つをもとに今後どのような試験になっていくのかを簡単に紹介したい。

まず、**センター試験の廃止は確実**なようだ。

それに代わって、プロローグにも書いたように「希望者テスト」（「大学入学希望者学力評価テスト〈仮称〉」）というものが導入される。

「答申」には、その改正点が列挙されている。

まず、問題の質が変わる。

これまでは、「知識・技能」を主に問うものであったが、「知識・技能を活用して、自ら課題を発見しその解決に向けて探究し、成果等を表現するために必要な思考力・判断力・表現力等の能力」を中心に評価するものに変えるとのことだ。

試験科目も変わる。

細かい点はともかくとして、ここでの目玉は、これまでの「教科型」に加えて、「合教科・科目型」「総合型」の問題を組み合わせて出題するとのことだ。イメージがつかみにくいかもしれないが、英語で化学記号の問題をだしたり、歴史と国語を組みあわせたような問題をだしたり、地理の統計から数学の問題をつくったりというものになるようだ。

解答方式については、旧来のマークシート方式だけでなく、記述式を導入する。

また、挑戦のチャンスを増やすとともに、この「希望者テスト」を大学入学の資格試験として利用するという観点から（要するにとれた点数によって、ある大学の受験資格が得られる）年数回実施することも提言されている。

さらに「1点刻み」の客観性にとらわれた評価から脱し、大学および大学入学希望者に対して、段階別表示による成績提供を行うというのもある。

要するに、91点でも100点でも、受験生にはAという成績が送られるし、二次試験を受ける大学にもAという成績として報告が行くということだ。ひょっとしたら、81点でも100点でも同じということになるかもしれない。

原則的にコンピュータを使って、ディスプレイに表示される問題をキーボードを用いて解答するCBT方式の導入を前提とするとも書かれている。

英語については、4技能を総合的に評価できる問題の出題などにより、「読む」「聞く」だけではなく「書く」「話す」も含めた英語の能力をバランスよく評価するとされている。

その他、易しい問題も難しい問題も幅広く入れるとか、社会人や海外からの受検、あるいは障碍者《しょうがい》の受検がしやすくなるようにするともされている。

これに対して、2016年の「最終報告」では、かなり改革の度合いはトーンダウンしたものになっている。

問題の質については、「答申」と同じような表現になっていて、たとえば、歴史では知識だけでなく、歴史的思考力を問うなどが明言されている。

試験科目については「合教科・科目型」「総合型」の出題については明言が避けられ、2024年度からの新指導要領の改訂と並行のような形で論じられていることからも先送りの公算が強いようだ。

記述式の導入は謳《うた》われているが、その日程をマークシート方式の日と別にする案を検討するという書かれ方で、部分導入色が強い印象だ。これは後日談になるが、日程を変えるだけでは、採点が間に合わないと考えたのか、2016年の11月には民間導入の方向性を文科省が発表して、物議をかもしている。ただ、私自身はこれまで民間が行う模試もまず問題の漏えいがなかったし、問題の質はむしろ、高校生を教えたことがない大学の教員がつくるより、良質なものになると考えている。今までも何回か話題に上っては潰《つぶ》れたのだが、もし実現したら、今回の改革の唯一の収穫になるかもしれない。

複数回実施の導入については、結局のところ、「日程上の問題や、CBTの導入や等化等による資格試験的な取扱いの可能性などを中心に、その実現に向けて引き続き検討することが適当である」と結ばれ、実質的に先送りにされそうだ。

そして、「1点刻み」の評価の改革については、「最終報告」では、記述式問題のほうで改善されるということが明示されている。

これまでセンター試験でも、英語のリスニングの導入や出題傾向の改変などが実は何回か行われている。この「最終報告」を見る限り、その延長上のような形で、試験問題の傾向が変わるという点と、記述式の受検と合わせて、2回受けないといけなくなるという点が、大きな改訂といえるようだ。

2020年度から入試がどう変わるのか（二次試験）

実行や大改革に大規模な準備が必要で、手間と費用のかかるセンター試験と異なり、大学の二次試験の改革は、文科省が、指示や通達をだせば、簡単に実現してしまう。

実際、法令化や予算配分をちらつかせば、独立法人化した国立大学は従わざるを得ないのは、プロローグで書いた通りだ。

「答申」では、「各大学が取り組むことが求められる事項」という欄に以下のようなことが列挙されている。

- アドミッション・ポリシーの明確化
- 個別選抜の改革（学力の三要素を踏まえた学力評価の実施、多元的な評価の推進等）
- 「大学入学希望者学力評価テスト（仮称）」の活用
- 高等学校の学習成果の適切な評価
- 特定分野において卓越した能力を有する者や多様な背景を持った学生に対する適切な評価
- 入学者の追跡調査等による、選抜方法の妥当性・信頼性の検証

- 評価方法の工夫改善、評価に関する専門的人材の育成・活用
- アドミッション・オフィスの強化をはじめとする入学者選抜実施体制の整備

要するに、試験の問題を、14ページでとり上げた学力の3要素を問うものにしろということだ。

そのために面接や小論文、集団討論をやれということになる。

その他の大きな改革点といえば、高校時代の成績をちゃんと見ろということになるだろう。ペーパーテストの点だけでなく、内申点も加味して判定しろということだ。

あるいは、「特定分野において卓越した能力」というのは、数学オリンピックのメダル受賞者などであれば、他の科目が少々できなくても入れろということになるし、「多様な背景を持った学生に対する適切な評価」というのは、どう解釈するのかが難しいところがあるが、アメリカでかつてはよく行われたアファーマティブ・アクション（積極的差別解消策）のように、教育の機会に恵まれない人（アメリカの場合は主に有色人種）に対して、点数にゲタをはかせてでも入学させろということだろう。日本の場合も、貧困層は塾に行けないため、進学に不利になっている。また、都会に比べ地方では民間教育機関が充実していないため、大学合格実績がふ

るっていない。医学部合格者が少なく、地元の大学の合格者の多くを首都圏の学校の卒業者に占められる東北地方などでは、医師が居つかないために、医師不足が慢性化しているので、現行の地元枠以上に、そういう地域の子供は受験の際に優遇しろという意味なのかもしれない。

最後の三つの項目は、現行のＡＯ入試に対する批判とも読める。

日本のＡＯ入試は外国のＡＯ入試とは似て非なるものである。

一つは、日本の多くの大学のＡＯ入試で、筆記試験が免除されているが、アメリカでは大学入試委員会実施の進学適性テスト（ＳＡＴ）のような統一学力テストの点数も必ず加味される。

これについては、「最終報告」でも「一部のＡＯ入試や推薦入試などにおいては、いわゆる『学力不問』と揶揄《やゆ》されるような状況も生じており、入学後の大学教育に支障を来すことが問題となっている」と明言されている。

それ以上に、一般に知られていないのは、外国のＡＯ入試では、大学教授ではなく、面接のプロが面接していることだ。教授が面接すると、どうしてもいうことを聞きそうな人をとりやすくなるので、教授に議論をふっかける、悪い言葉でいえば教授に喧嘩《けんか》を売るような人材がほしいということだ。

日本の場合は、プロローグでも問題にしたように、アドミッション・オフィスをきちんとつくらない、海外から見てかなり異常なＡＯ入試を行っているのである。

さて、話はそれたが、二次試験の改革は「最終報告」でも基本的な方針は変わっていない。

２０２０年度の入試から、具体的な評価に組み入れろとされたのは、以下のものだ。

- 「大学入学希望者学力評価テスト（仮称）」の結果
- 自らの考えに基づき論を立てて記述させる評価方法
- 調査書
- 活動報告書
- 各種大会や顕彰等の記録、資格・検定試験の結果
- 推薦書等
- エッセイ
- 大学入学希望理由書、学修計画書
- 面接、ディベート、集団討論、プレゼンテーション
- その他

これらの各々の点数を上げようということになれば、膨大な時間と労力をつぎ込まなければいけないことだけは確かだ。

文部科学省や主流派教育学者が必要と考える学力とゆとり教育

プロローグでも触れたように、このような大胆な入試改革を行おうとするのは、文科省やその周辺の教育学者たちが、これまでの学力は古いから、新しい学力を身につけなければならないと信じているからだ。

「答申」の中でも、「我が国が成熟社会を迎え、知識量のみを問う『従来型の学力』や、主体的な思考力を伴わない協調性はますます通用性に乏しくなる中、現状の高等学校教育、大学教育、大学入学者選抜は、知識の暗記・再生に偏りがちで、思考力・判断力・表現力や、主体性を持って多様な人々と協働する態度など、真《しん》の『学力』が十分に育成・評価されていない」と断じられている。

さらに、「大学入学者選抜を含むあらゆる評価において、画一的な一斉試験で正答に関する知識の再生を問い、その結果の点数だけを評価対象とすることが公平であると捉える、既存の『公平性』についての社会的意識を変革し」なければいけないという風に、社会の考え方まで変えることを求めているのである。

どうすれば、このくらい自分の学力観に自信がもてるのかわからないが、学問の自治を認めず、すべての大学に同じ改革を押しつけ、人々の意識まで変えろというこの「改革」は、私は、ゆとり教育派の巻き返しだとみている。

学校で教えるカリキュラムが多すぎるので、それを減らそうというのは、２００２年施行のいわゆる「ゆとり教育」に始まったことではない。

１９７７年改訂、80~82年施行の学習指導要領で、戦後初めて、カリキュラムの内容が減らされた（それまでは改訂のたびに教える内容が増えていた）。ただ、それは詰め込みすぎが落ちこぼれをつくるという素朴な反省からきたものだというのが私の実感だ。

これまでの教育がいけないということを問題にして、本格的に政府が動きだしたのは、おそらくはいわゆる中曽根臨時教育審議会（１９８４年設置）からだろう。

89年に改訂された学習指導要領でも、カリキュラムが減らされたのだが、ここで現在の入試改革に通じる、「新学力観」が高らかに謳われた。

それを発展させたものが、98年改訂、２００２年施行の、いわゆる「ゆとり教育」である。

その後、ゆとり教育は形式的に廃され、２００８年改訂、２０１１年施行の学習指導要領から、カリキュラムが増やされた。

ただ、実は、基本的なところで、これまでの方向性は変わっていない。

要するに、新学力観導入以降の教育政策の方向性は以下の3点である。

（1）詰め込み教育の否定
（2）ペーパーテスト学力（偏重）の否定
（3）教科学習の否定

（1）がカリキュラム削減の流れであり、（2）が新学力観であり、（3）は2002年のゆとり教育導入時に採用された、「総合的な学習の時間」の背景にある思想である。
文科省は、表向きは「ゆとり教育」をやめたといいながら、基本的な方向性はまったく変えておらず、今回の「入試改革」もまさにこの線にそったものといえる。

ペーパーテスト学力は、「従来型の学力」として切り捨てられ、教科学習は否定され、「希望者テスト」には、「合教科・科目型」「総合型」の出題が予定されていた。

これを「ゆとり教育派」の巻き返しとみても、そう妥当性を欠くものとは思えない。

新学力観と観点別評価の問題点

今回の「答申」では、特に学力の評価を変えていこうという明確な意志が表明されている。「何よりも重要なことは、個別選抜を、画一的な一斉試験で正答に関する知識の再生を問う評価に偏ったものとしたり、入学者の数の確保のための手段に陥らせたりすることなく、『人が人を選ぶ』個別選抜を確立していくことである」と明言されているのだ。

その背景には、高校で「生きる力」や「確かな学力」が身につけられるはずだから、それを大学教育で発展させればいいという考えがある。

これはどういうことかというと、今の文科省の方針ではすでに、「生きる力」や「確かな学力」を評価するものになっているという建前があるからだ。

その評価というのが、1989年に改訂され、小学校は92年、中学校は93年、高校は94年から施行された、観点別評価というものである。

要するに、成績を評価する際に、ペーパーテスト学力（これがおおむね「知識・理解」という観点の評価にあたる）だけでなく、「関心・意欲・態度」「思考・判断・表現」「技能」などの観点から多面的に行うというものである。

そのため、中間試験や期末試験で常に満点をとっても、授業中に意欲がないとか態度が悪いとみなされたり、宿題などの書き方や図示の方法が悪かったり、実験に積極的に参加していないとみなされると5段階評価で3程度しか得られないことがあり得るようになった。

この影響力は意外に大きい。

たとえば、高校受験に使われる内申書は、この観点別評価によるものとなった。これまでも内申書はクラブ活動や生徒会活動など、ペーパーテスト学力以外の評価も加味されるものであったが、教科の学力まで教師の主観に委ねられることになったのだ。

現在のＡＯ入試や推薦入試でも、この評価方法が採用されているが、２０２０年度以降は、一般入試でも、この評価に基づいた学校の調査書を用いるように、文科省は提言（予算で脅しているのだから強要といっていい）している。

文科省の認識としては、この評価システムはうまくいっていると考えているようだが、少なくとも、これが採用されて、学力低下が治まったという話は聞いたことがない。

それ以上に私がこの評価システムに否定的な理由は、メンタルヘルスへの悪影響だ。

これまでであれば、ペーパーテストで点をとってさえいれば、教師にどう思われていようと行きたい学校に行けたのが、授業中、意欲がないように見られてはいけない、居眠りもできないというのでは、非常にストレスの多い学校生活になってしまうだろう。

教師のほうは不公平のないように、なるべく「客観的に」評価しようとしているのだろうが、生徒の側は、そう受け止めるとは限らない。

44ページのグラフのように、実際、この観点別評価が採用された1993（平成5）年頃から、校内暴力も、生徒間暴力も増加しているし、グラフにはないが、不登校も増加している。しかも、小学校や高校ではそれほど増えていないのに、内申書が重視される中学校で顕著に増えているのだ。

現実に、万引きの濡れ衣を着せられた広島の中3生徒が、不本意な進路指導を押しつけられて自殺したという悲劇が起こったが、内申書重視の高校受験では、ペーパーテスト学力をいくら上げても、教師による評価が高くないと希望の学校に行けないことが、生徒に絶望感を与えていることは珍しくない。いじめや体罰への泣き寝入りが多い背景にもなっているのではないかと私は疑っている。

今後、それが高校にまで広がる可能性は小さくない。以前、教師の体罰で自殺したとされる運動部の生徒が、実は大学の推薦入試がかかっていたからだと報じられたことがあったが、運動部の人間だけでなく、一般の生徒も、教師に嫌われるのを恐れながら学校生活を送らないと

校内暴力の発生学校数・発生件数

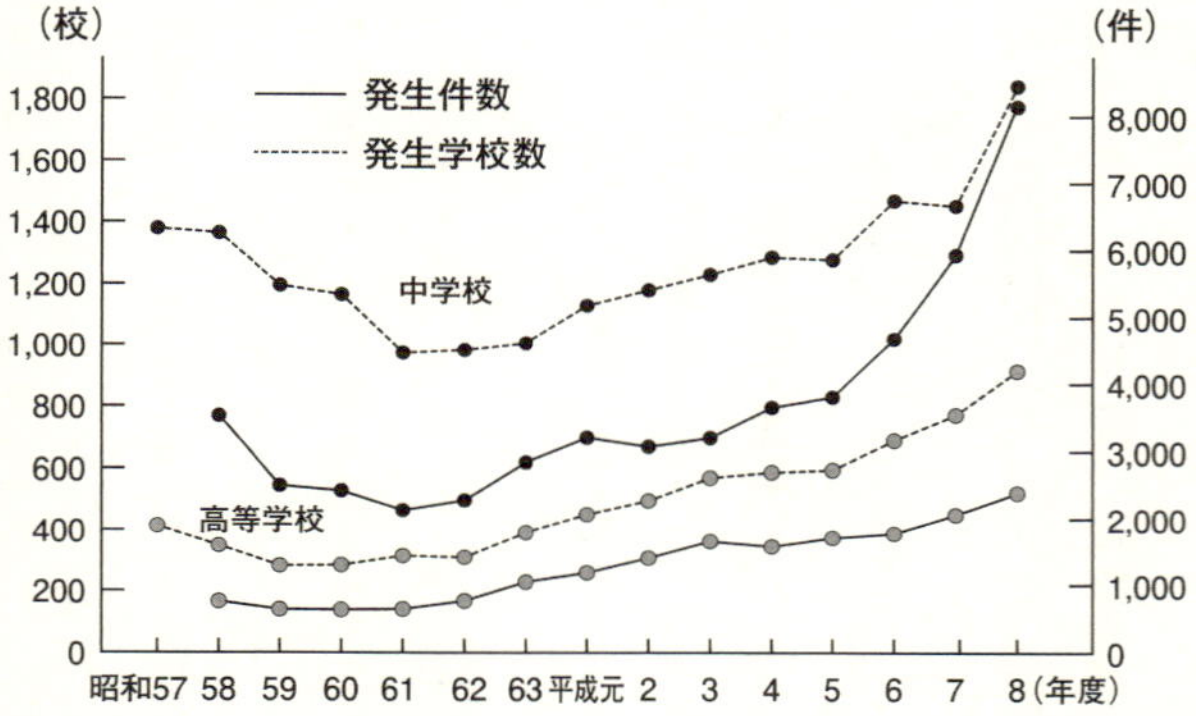

「我が国の文教施策」(平成10年度版、旧文部省)より

生徒間暴力の発生状況

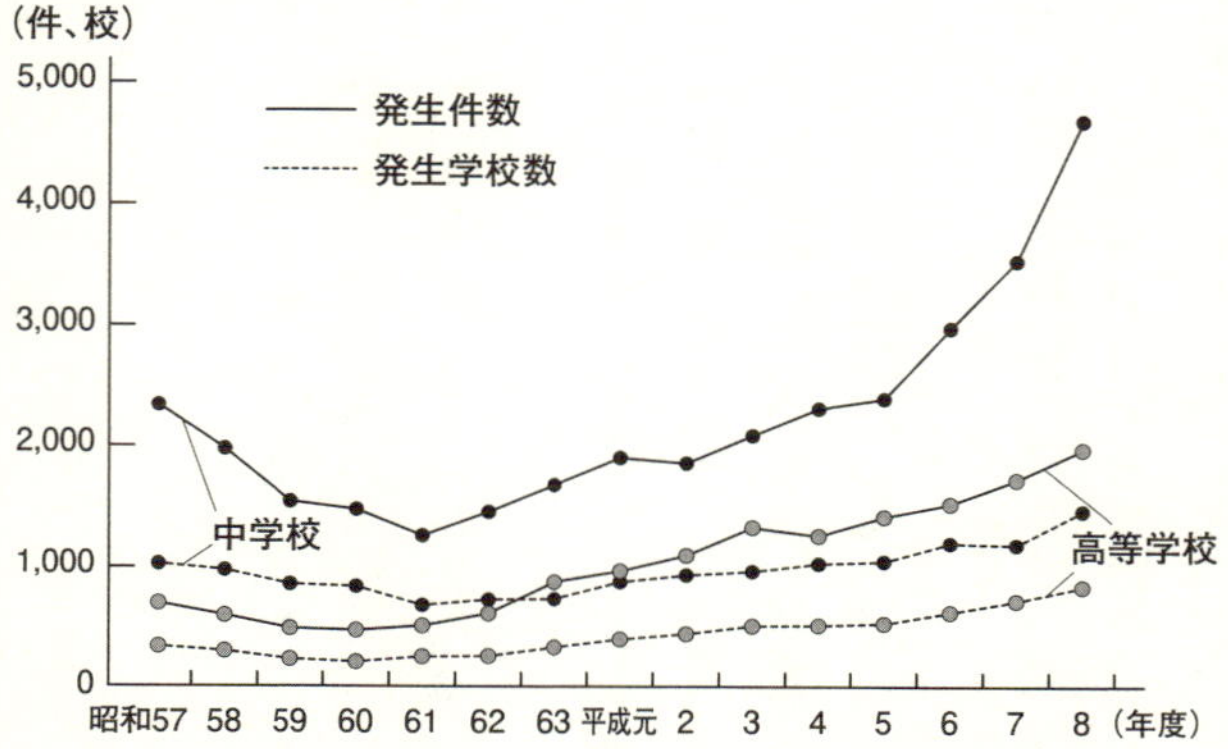

「生活指導上の諸問題の現状について」(2000年、旧文部省、教育課程審議会)より

いけなくなるのだ。

また、心理学の考え方では、アイデンティティの確立のために、大人世界に反抗をすることが大切とされる（これも統計的な根拠のある話ではないが、今回の教育改革も同じく根拠がない）思春期に、常に教師に気に入られないといけないという環境におくことは、子供の人格形成に悪影響を与えないとは限らない。

教師から見て昼行燈《ひるあんどん》のような生徒が、実はものすごいポテンシャルや高い学力をもっているかもしれない。

さらにいうと、高校の調査書を重視して入試に加味することを強要するのは、「多様な背景をもつ学生を受け入れろ」という、「答申」や「最終報告」の提言とは完全に矛盾する。不登校の子供や、高校中退者、あるいは、高校時代いい加減にやっていたが大人になって一念発起して受験しようとする人間を確実に排除することになるからだ。

少なくとも、すべての大学に強要するのは、非常に危険な評価システムといえるだろう。

改めて「ゆとり教育」を総括する

ここで、これまで紹介してきたゆとり教育路線の何が問題だったかを改めて指摘したい。

できない子のためにカリキュラムを減らすことそのものが問題だとは、私も思っていない。

ただ、これから論じていくように、できない子の解決法は、やらせる内容を減らすという方法に限らない。教え方を工夫したり、勉強法を教えたり、いくつかソリューションがあるはずだ。また、フィンランドのようにクラスを少人数にすることで落ちこぼれをつくらないというやり方もあり得るし、これはいくつかの実験で検証されている。そういう試みもしないで、ただ、カリキュラムを減らすというのが安易だという思いはある。

それに、できる子までそれに付きあわされる「強制」ゆとりだったことも大きな問題だろう。

この件について、当時の文部省のスポークスマンと呼ばれていた寺脇研氏（現京都造形芸術大学教授）と対談したことがあるが、彼の言い分では、ゆとり教育の学習指導要領はあくまで最低基準であって、それ以上は何を教えてもいい、つまり教育の自由化なのだということだった。

しかし、教科書などがそれをもとにつくられる上、総合的な学習の時間の導入も含め、授業時間そのものを減らしてしまったから、結果的に最低基準のもののみがすべての公立学校の生徒に押しつけられることになった（例外的な学校では、補習的にそれ以上のことも教えたようだが）。

それ以上に私が問題視したいのは、このせいで教育格差がかなり拡大したということだ。

学校で教わる内容が減ったところで、教育熱心な親をもつ子供や、経済力のある親をもつ子供は、当然、塾などの民間教育を利用して、これまで通り、あるいは、公教育が信用されなかった分だけ、私立学校に行って、これまで以上の学力を得ることになる。ところが、そういう塾に行けない経済的に恵まれない家庭の子供や、塾など民間教育が充実していない地域（当然、地方ということになる）の子供は、これまでより少ないカリキュラムしか受けられないことになる。

総合的な学習の時間にしても、コンセプトはともかくとして、準備やモデルが十分でなかったために、学校教師たちの負担は相当増えたようだ。

常に総合的な学習の時間の準備に時間も労力も割かれるため、落ちこぼれの子供に補習する時間がとれず、逆に落ちこぼれが増えるなどという実例もあるようだ。また、ゆとり教育の導入後、教師の疲弊――これも結果的に生徒に悪影響を及ぼす――も問題視されている。

ゆとり教育は教育の自由化に結びつかず、経済の自由化と同じように格差だけは広げてしまったようだ。

今回の入試改革は、それより質《たち》の悪いものだと私は考えている。

一つには、ゆとり教育の場合は、学習指導要領以上は何を教えてもいいという建前上の自由があったが、今回は、改革をやらないと予算的措置をとるという、前以上に明確な強制力を働かせようとしていることがある。

もう一つは、ゆとり教育の場合は、民間教育という逃げ場があったが、今回は、すべての子供がそれに対応しなければならなくなる。勉強のできる子にとっても、もっと数学力や英語力を上げるために使える時間が、面接、小論文、集団討論などの対策に割かれることになるし、退屈な授業でも意欲的に付きあわないといけない。

できる子の「従来型の学力」は結果的に下がることになるだろう。現実に1979年の共通一次試験という新たな負担の導入で、東大などの二次試験の合格最低点がどんどん下がっていったことがある。

時間的には、ゆとりどころか、別の対策のために余裕のない受験生生活を送らないといけないのに、パフォーマンスのほうは下がってしまうということが十分あり得るのだ。

目指したものと反対方向に向かう矛盾だらけの改革

この改革の「答申」でも、「最終報告」でも、一読して感じることは、「従来型の学力」否定がまずありきであることだ。改革側のやり方が一面的で強制的なために、あちこちで矛盾が露呈している。

たとえば、これからは、高校や大学の中退者で再チャレンジを目指す人や、社会人、地域に貢献したい人など多様な背景をもつ人を選抜するようにといいながら、高校時代の調査書を入試に活用しろと大学側には強要している。中退者や不登校経験者などは、現在の観点別評価では調査書でいい点がつくわけがない。

少なくとも、これまでの私の経験からみても、彼らはペーパーテスト一発勝負のほうが、はるかに再チャレンジがしやすいはずだ。

しかも、多様な人材を求めよ、多様な思考をできるようにせよといいながら、すべての大学に同じような入試改革を押しつけている。

確かにいろいろな要素をどのような比重で配点するかは、各大学のアドミッション・ポリシーに委ねられるのであろうが、すべての大学で入試面接を行えというのであれば、対人恐怖の傾向のある受験生のチャンスは、その生徒がきわめて高い学力や創造性をもっていても、かなり狭まることになる。

各大学でアドミッション・ポリシーをつくれというが、もし、ある大学が「うちは、大学に入ってから、協働性であれ、表現力であれ、応用学力のトレーニングをみっちりやるので、とにかく基礎学力が高い学生がほしい」というアドミッション・ポリシーを打ちだしたとしたら、それにどう対応するのだろうか? 「従来型の学力」にしがみつき、既存の「公平性」の社会的意識しかもてていないという形で却下、断罪されるのだろうか?

そもそも、大学の入学者のセレクションや、その方法にまでこれだけ国家が干渉するということこそ、大学の自治への挑戦である。

2003年に国立大学が、国立大学法人になった時点で、文科省に逆らえない構図になったということを今回の改革ほど端的に示したものはないだろう(最近早稲田大学への文科省ぐるみでの天下り斡旋が問題視されたが、それ以前から補助金を握っているのをいいことに、法人化後、論文も書いていないのに、簡単に国立大学の教授になることが増えたようだ)。

私が、今回の改革を危険視している大きな理由は、文科省が、おそらくはよかれと思って行ったこれまでの改革が、ゆとり教育や観点別評価を例にとったように、ほとんどの場合、結果が目的と逆方向になっているというところにある。

実は、私は、共通一次試験の一期生である。当時の東大の入試問題は難問で固められていたため、合格者は一部の名門校で多数が占められた。それに対して、基礎学力試験のような共通一次試験を課すことで、一般の公立高校生にもチャンスを広げようと始めたのである。

ところが、名門の中高6年間一貫校は、高校2年生までに高3の学習範囲まで終えていることが多いため、共通一次試験対策に十分時間がとれるのに、一般の公立高校には、その余裕がない。結果的に、東大や医学部の合格者について、かえって中高6年間一貫校の寡占化が進んでしまったのだ。共通一次試験を引き継ぐ形のセンター試験もほとんど大きな変更点がなかったために、この状況は今も続いている。

ゆとり教育にしても、前述のように総合的な学習の時間対策で教師が追われるうえ、授業時間を減らすことで、落ちこぼれの子を救うどころか、かえって落ちこぼれを増やす結果になった。

今回の改革でも、従来型の学力はダメで、自分たちの考えは絶対に正しいと過信しているようなところが感じられるが、実験というものは、結果が理屈通りに行かないものだという発想がまるで感じられない。

答えが一つしかないと思っている人間の考える「改革」では、答えがいくつもあるという発想をもった人間を生むことができるとはとても思えないのだ。

結果よりプロセスを重んじる発想とメンタルヘルス

私が、この改革に反対するもう一つの大きな理由が、観点別評価の導入が、その後の子供たちの精神衛生に、直接および間接的に悪影響を与えると感じるからだ。

直接的な悪影響としては、前述の常に教師に評価（あるいは、監視）されていると感じることによる学校生活のストレスである。

もう一つの直接的な大きな悪影響と考えられるのは、この改革後のテストに落ちた時のショックである。

テストの点数が足りなくて落ちたのであれば、もう1年勉強しようと考えやすいが（考えられないで、大きなショックを受ける子供がいるのも事実だが）、テストの点数が足りているのに、面接や小論文、集団討議などでうまくいかない場合、本当は予備校などで対策をたてれば来年はなんとかなるのに、やはり無理だと悲観する子がでる可能性は小さくない。

特に面接で人間性を否定されるような形で落ちるということになれば、そのトラウマ（正確な意味ではないが日常用語として）は計り知れない。

新テストの不合格者から何人か自殺者がでれば、マスコミが騒ぎ、短期間で中止ということは十分あり得るが（この国の場合、教育政策を含めて、統計的な結果より、ニュースで政策が決定される傾向にある。これはこれで異常なことだが）、犠牲者の命は返ってこない。

問題なのは、今回の改革では、そういうリスクがまったく想定されていないことだ。

すべての学校に改革を強要するということは、多様性への対策といいながら、子供に逃げ道を用意するという発想が欠如していることを示す。

歴史的にみても、自分たちの正義を過信した人たちが戦争を起こして、多数の犠牲者を生んできたわけであるが、それに通じる独善主義、全体主義を感じ取ってしまうのは、私が「リベラル」側の人間だからだろうか？

さらにいうと、子供の将来の間接的なメンタルヘルスへの悪影響の懸念もある。

今回の入試改革では、思考過程をきちんと評価すると明言されている。

「希望者テスト」でも、旧来型のマークシート問題と異なり、思考のプロセスをきちんと評価できるような問題をだせと明示されているし、さらに、記述問題をだすことで、思考のプロセスを問うようにする方向性が打ちだされている。

二次試験の調査書重視の発想も、入学試験の点数という結果より、そこに到達するまでのプロセスを評価しようという発想だろう。

私の受験テクニックが、プロセスより結果を重視するものであったことから、当時の教育評論家や教育学者にコテンパンにやられたわけだが、前述したように多くの読者から、その発想のおかげで社会でうまくいっているといってもらえた。おそらくは社会にでてからは、プロセスより結果で評価されることが多いのだろう。

精神科医の立場でいわせてもらうと、日本人に多い思考パターンでもあるプロセス重視はメンタルヘルスに悪影響を及ぼす。

たとえば、赤面恐怖の患者さんは、「顔が赤い」というプロセスをなんとかしないことには、人に好かれないと信じている。しかし、人に好かれるという結果を重視すれば、顔が赤いのを治さなくても、話術や相手への気遣いなど、人に好かれる方法はいくらでもある。プロセスへのこだわりがなくなれば、気分も軽くなるし、結果も好ましい方向に向かうと考えるのだ。

このことを、「森田療法」という治療法では、目的本位と呼ぶ。「その人が顔が赤いのを治したい目的（この場合は人に好かれること）」がはっきりすれば、症状は治らなくてもソリューションはある。プロセスにすぎない症状より目的にこだわれというわけだ。最近、日本でも再評価されているアドラー心理学でも、目的論という似た考え方がある。

そして、ある方法で挫折《ざせつ》しても、他の方法で目的に達することができると思える人は挫折に強い。

結果がだせればプロセスはいかようにもあり得るというのが、和田式受験勉強法の基本コンセプトだ。数学ができないなら、できるようにならなくても、他の科目で点をとることで合格は勝ち取ることができるのだ（そういう点で、「この道しかない」という自民党のスローガンは、中学校も高校も大学も受験したことのない総裁の考えそうなことだとつい感じてしまう）。

今回の改革では、思考のプロセス、学校時代の意欲や態度というプロセスを重視する他、どのような表現で解答するかまで採点の対象にしようとする。要するに思考パターンや表現法まで、自分たちの正しいと思うものに合わせることを強要するのだ。まさに「この道しかない」と考える人間を求めている。これでは、多様な考えができる人間をつくるという当初の思惑とは、まったく逆の方向になりかねないだろう。

また、こう考えないといけないという風に、思考プロセスを縛ることだけでなく、このような形で受け答えをしないといけないという面接対策や、こういう風に表現しないといけないという表現に対する採点などは、日本人にありがちな「かくあるべし思考」をより強める結果になり得るだろう。

こういう思考パターンの人は、「かくあるべし」からはずれた際にうつになりやすい。「あれもこれもあり」と思える人間がメンタル面でも、これからの人生を生き抜いていくうえでも強いはずだと私は信じているが、それとは逆行しているのだ。

この改革がうまくいくかどうかの保証はないといっていい（もちろん、うまくいかないと断言する根拠もない)。さらにいうと、部分的にモデル地区やモデル校のようなところで試してみて、うまくいったから、それを広げていこうという種類のものでもない。

今回の改革が、私の予想に反してうまくいき、多くの子供をやる気にさせたり、優秀な生徒の才能の開花につながったりする可能性を否定する気はない。しかし、実験というのは、常に失敗の可能性を念頭におかないといけない。

このやり方が実験であって、失敗したらすぐにやめるという発想が、今回の改革案からはまったく読み取れない。21世紀に通用する「正しい学力」と「それを身につけさせる方法論」に何の疑いももっていないという、およそ科学的精神に欠けた改革案であることが、私にはもっとも問題であるように思える。

そんなことで、子供たちに、「絶対の正解を信じず、あれこれと発想し、実験してみる」という精神をもたらすことができるのだろうか(後述するように、従来型の受験勉強では、それが可能であると私は信じている)。

経済政策などと違い(これにしても、現政府は実験でやっているというより、絶対の正解を信じているようだが)、教育政策は、ノアの箱舟のようなものを残せば、リスクヘッジは可能である。

東大入試は改革型でやるなら、京大は、「従来型の学力」でのセレクションを続け、将来比較を行うというような柔軟性をもつことのほうが（もちろん失敗したほうの入試を受けた子供たちには気の毒だが）、一国としてのリスクは小さなものとなるだろう。

「2020年入試世代」は出現するか

さて、今回の改革の逃げ道がまったくないかというと、あるにはある。外国の大学に逃げることだ。

在学中に教師に嫌われていると思ったり、面接に弱かったり、プレゼン能力には欠けるが学力には自信があったりするという子供の場合、アジアや一部のヨーロッパの一流大学のように、学力だけでとってくれる大学に逃げるという選択肢が残されている。

本人にとっても死活問題だから、そういう大学を血眼になって探す子供（あるいは親）もでてくるだろう。

逆に、東大受験なら自信はあるが、ハーバードはアドミッション・オフィスによるセレクションが厳しいので……と敬遠していた層は、東大入試でも同じような対策をしないといけないなら、ついでにハーバードも受けておこうと思うだろう。そういう子供が増える可能性は十分あり得る。

ただし、これは富裕層の話で、貧しい人たちには、選択肢がないという現実が残される。

もちろん、海外の大学への頭脳流出は例外的、少なくとも少数派だろうが、私は、この教育改革は失敗するだろうと思っているし、「従来型の学力」重視の試験システムに戻った際に、この試験を受けてきた世代は、現代の「ゆとり世代」といわれる人と同様に、「２０２０年入試世代」と呼ばれるのではないかと予想している。

結果よりプロセスを大切にするとか、中身より表現を大切にするとか、あるいは、調査書重視の教育を受けた後遺症で、積極的に見えるが、常に上司にどう見られるかばかりを気にするようなタイプの人が増えるという意味での話だ。

学校の調査書や面接の判断のポイントが、「意欲・態度」だといいながら、教師に反抗できたり、その意見に反対できる人間に高い点をつけろという風になっていない以上、イエスマンばかりが生みだされる可能性は小さくない。

かつて学園闘争や、反権力の拠点となった大学医学部の学生や若い医師が、当時は上に逆っても資格があれば食べていけるという気楽さもあったのだろうが、入試面接の導入ですっかりおとなしくなっている。最近、論文の改竄《かいざん》、研究費の不正使用、手術ミスの続発など、医学部教授がらみの不祥事が相次いでいるが、それに対して公開質問状などの形で、教授にかみついたのは、入試面接のない東大医学部の学生たちだけだった。それに対する反応とはいわないが、その東大医学部（理科三類）でも2018年の春入試から以前うまくいかなかったためにやめた入試面接が復活する。今後は、私やがんの放置療法で物議をかもした近藤誠医師のような既存の医学に異論をさしはさむ（私や近藤氏の説が正しいのでなく、可能性を研究してほしいといっているだけだ）医師がでてこないことを懸念している。そうであれば、日本の医学から画期的な研究がでるとは思えないからだ。

医学部に限らず、イエスマンしか一流の大学に入れないなら、既存の説を打ち破ることは困難になる。

あるいは、自分の中身を磨くより上司からの受けを狙《ねら》う社員がどんどん入ってくるのは、多くの会社にとっても迷惑な話だろう。

三つ子の魂百までというが、受験生時代に身につけた生き方や習慣を変えるのは意外に困難だ（前述のように私は、それが染みついているので、今の生きざまになっている）。

群馬大学の医学部附属病院の18人もの患者さんを死にいたらしめた医師のニュースは記憶に新しいが、驚くべきは、17人目までの患者は、この医師の説明に納得していたということだ。言い方を変えれば、腕は悪いが、説明能力は高かったということだろう。この医師は、私より

10歳くらい若いから、おそらくは入試面接が導入されて以降の入学者のはずだ。

医師についても学力より人間性と称して、入試面接が歓迎され続けてきたが、実際の現場では、腕より説明能力が大事と考える医師が増えたということも十分あり得るのだ。

従来型の学力があてにならないと今回の審議会の委員たちは考えているようだが、現実の日本では、プロローグで書いたように、いまだに企業は、学歴より学校歴を重視している。そして、実力主義といわれる外資系のほうが、それが顕著だとされている。

この手の企業では、高い「従来型の学力」をもつということは、努力をする力や、自己能力の把握、向上心、情報収集能力（どのようにしたら点が上がるかの情報を収集する能力）が高いことを示すと認められているからだろう。

しかし、「２０２０年入試世代」では、高い学校歴をもっていても、それが必ずしも高い「従来型の学力」とは結びつかなくなってしまう。そういう世代が生まれることを私は懸念しているのだ。

第2章　受験テクニック再考

受験テクニックを知らない地方秀才たち

現行の大学受験制度が「変えなければ」いけないものとして批判される大きな理由に、改革派のいう意味でも、あるいは、「従来型の学力」の信奉者のいう意味でも、「真の学力」を反映するものでないということがある。

その中でもっともやり玉にあげられるものに、いわゆる「受験テクニック」がある。

これを駆使すれば、学力が多少低くても合格できるし、学力が高かったり、まじめに勉強しているのに、受験テクニックを知らないがために合格できない人もいる。

改革派の人たちは、そういう小手先のテクニックで切り抜けられるようなペーパーテスト学力でない、多面的な評価をしろといっているわけだが、従来型の学力の信奉者の多くも、一発勝負のペーパーテストより、普段の学校のテストの成績のような日頃の学力をきちんと評価すべきという考えが根強い。

そこそこ学力が高く、まじめに勉強しているのに、合格には手が届かないという受験生はおそらく決して少なくないだろう。

つい最近もこういう経験をした。

私の知り合いに3・11の震災で親を失った子供たちの教育支援のボランティアや寄付活動を行っている文化人の方がいる。その方から一人、医学部志望の浪人生がいるので、助けてやってほしいという話を受けて、東北地方に住むその子に会いに行った。

確かにまじめそうな子で、私もその名をよく知る、地元一の名門公立校を卒業し、現在、地元でいちばんの予備校の医学部進学特進コースに通うという。

ただ、現役の時も1浪して受けた今年の春も結果は思わしいものではなかった。

開口一番、私は志望校を聞いてみた。

志望校は決まらないが、偏差値のなるべく低い国立大学を狙いたいという話だった。

それらの学校の過去問を見たことがあるかと聞いてみると、まだないという返答だった。

これは、私にとっては、まったく信じられない答えだった。

医学部というのは特に、志望校によって、問題の傾向も配点もまったく違う。

早めに志望校を決めて、その学校の配点パターンや問題の傾向が自分に合っているかを確認したうえで、過去問をやってみて、合格者の最低点に何点足りないから、どこで点をとって合格しようという戦略をたてるのが、基本テクニックだからだ。

予備校のいいなりになって勉強しても、その学校の傾向にあったものでなければ、偏差値が足りていながら落ちることは十分にあり得る。だから志望校選びも重要だ。

同じ偏差値65でも英語が得意で数学が苦手なら、英語で差をつけられる学校を選べば合格できるが、数学の配点が大きかったり、その問題が難しければ、不合格の憂き目をみる。そこが把握できていないと、何に重点をおいて勉強をすればよいかを見失ってしまう。

その後、センター模試の結果を見せてもらった。80％弱の得点で、2浪としてはちょっと心もとない。ただ、合格最低ラインの85％にもっていくのは無理な数字ではない。

気になったのは、1年半も浪人をしているのに、英語が70％しかとれていなかったことだ。

本人も苦手を自覚して、かなり力を入れて勉強しているという。

ここで私は、「1問長文問題の時間が足りなくて、手つかずだったのではないか？」と聞いてみた。

その通りだった。

そこで長文の速読訓練をどのくらいやっているのかを続けて聞いたのだが、予備校では、今の時点では、文法や選択問題演習が中心で、長文を本格的にやるのは秋以降だという。

現役の時も、浪人してからもその手の勉強はしているし、1問手つかずでこれだけの点がとれているのだから、そんなにできが悪いわけではない。だったら、独学で長文をどんどん読んでいったほうがいいとアドバイスをすると、その視点がなかったとのことだ。

残念ながら、そこそこ学力が高く、まじめに勉強していても、これでは合格に及ばない。

彼が例外なのではなく、地方に住む医学部受験生や東大受験生の多くは、この手の勉強、つまり学校や予備校にいわれた通りの勉強をしているだけで、受験に合ったカリキュラムで勉強していない。また、志望校対策もろくにしないで、偏差値に合わせて志望校を決めてしまうのだろう。

もちろん予備校で教えるのも受験テクニックなのだが、志望校に合格するための本質的なテクニックを身につけていないから合格ができないのだともいえる。

逆にいうと、テクニックを知っていれば、ふだんの学力以上のレベルの大学に合格できる。

そういう点では、受験テクニックの批判者のいうことは、間違っているわけではない。

受験テクニックで合格した受験生たちのその後

ここからが本題なのだが、数学力とか、英語力のような一般学力は多少劣っている（当然、全然ダメではいくらテクニックを身につけたところで合格できない）が、受験テクニックを人から教えてもらったり、あるいは、自分で編みだして学力以上の志望校に合格した人と、学校での成績はかなりいいのに、テクニックを知らないために、行きたい学校よりかなり低いレベルの大学に入った人では、どちらに将来性があるかということだ。

おそらく一般的には、大して学力がないのに、受験テクニックで、どうにかこうにか大学に滑り込むような人間は、これ以上「伸びしろ」がないと思われるかもしれない。

私も実はそう思っていた。

私自身、高校2年生のはじめくらいまでは灘校で真ん中にも入れないレベルにいたのだが、先輩や周囲からさまざまな受験テクニックを盗んだり、教えてもらったりして、どうにか東大の理科三類に滑り込むことができた。

その年は、灘校だけで、東大の理科三類に現役で19人も受かっていたので、灘校から理三に入った連中については、二、三人の秀才を除けば、何らかの形で灘校に伝わる受験テクニックを獲得して合格できたのだろうと思った。しかし、たとえば地方の高校からその県で一人理三に入るような子は、ものすごい天才とか、抜群の暗記力とか、とてもかなわないような数学力の持ち主なのだろうと、入学前はかなりビビっていた。

もちろん、そういう人もいないわけではなかったが、大学に入って同級生と話をしていて驚いたのは、灘校以外から合格した人たちのおそらく8割くらいの人は、ものすごい秀才というより、自分で受験テクニックを編みだして合格していたことだ。

当時は、私がその後書いたような受験テクニック書もなかったのだから、灘校で伝わるような受験テクニックを自分で編みだしたという点で、天才的だと思ったのだ。

たとえば、「二次試験は合格ラインをクリアすればいい」というのは、私が灘校で聞いた目から鱗《うろこ》が落ちるような話だった。全国で上から90番までに入らないといけないというのと、多少できない科目があっても合計で3分の2弱とればいいというのでは心理的負担が全然違う。

私はそれを目標に点数が伸びればいいというような受験勉強を重ね、夏には、国語はできないままだったが、合格ラインの290点のメドがたった。

そういう意味で、私の場合は楽な受験勉強だったのだが、他校出身の理科三類の同級生たちは、自力でそのことに気づいて、合格ラインをクリアしていたのだ。私の学年は数学科の出身者が二人もいたが、彼らも、数学で満点をとれれば、残りは320点満点中170点でいいという発想だったそうだ。

プロローグでも書いたが、大学受験のために学ぶコンテンツは、確かに英語力や国語の読解力などを除けば、社会にでて直接は役にたつものではない。

ただ、その時に身につけた問題解決能力（学力が足りないなりにどうやったら合格できるかを考え、結果をだすこと）や、うまくいかなかった時に別の方法論を考えたり、探したりすること、あるいはミス対策のテクニックなどは、社会にでてから使える。

実際、私は長年、東大生講師による緑鐵《りょくてつ》受験指導ゼミナールという通信受験指導の会社を経営しているが、同じ東大生でも高校時代秀才で優等生という人より、そうじゃなかったのに、受験テクニックを探しだしたり、編みだしたりして合格したという人のほうがはるかに仕事ができるし、柔軟性がある。

また、うまくいかなかった時に努力が足りないとか、素質がないとか思うより、うまくいかないのには理由があって、何か別のうまくいくやり方があるはずだと思えるほうが、おそらくはへこたれにくい。素質のせいにするよりは、努力が足りないと思う人のほうが確かに努力はするのだが、努力が的外れで、やっている割にできないままだと、結局は素質や才能がないという落胆やあきらめにつながるからだ。

それと比べると、やり方が悪いと思えるほうが、うまくいかなかった時に別のやり方を試し、それでもダメなら、また別のやり方を試すという風になりやすい。

そして、何より大切なのは、やり方を変えてうまくいったという経験である。

私の読者で、学校の指導よりはるかに上位の大学に合格できた人は、「うまくいかなくても、やり方がみつかればなんとかなる」と思えるだけでなく、「俺も捨てたものではない」という自信がもてるようだ。前述の通り、彼らの多くが社会人になっても、勉強法を求めるので、拙著『大人のための勉強法』がベストセラーになった話の背景はそういうことだと私は信じている。

私は、今後は、学歴（特に学校歴）が将来を保証しない実力社会になっていくと思っている。その際に、勉強法を知っているか知っていないか、あるいは、勉強法を求めようという意識があるかどうかが、その後の実力の伸びに大きな影響を与えると考えている。

社会にでた後、資格試験をいくつもとらねばならないとしても、一度、資格試験の受験勉強法をつかんでしまえば、かなりの試験に応用が利く。

勉強法を受験テクニックで身につけておくという経験は、将来の成功のカギにもなり得るのだ。

的外れな根性主義が子供を潰す

もう一つの受験テクニックのメリットは、努力が結果に結びつきやすいということだ。

努力しているのに合格できない人間がいるから、受験競争が可哀想《かわいそう》だという人もいるが、私にいわせれば、それは、的外れな努力をしているからであって、きちんとテクニックを教えたうえで、努力をさせれば、多少時間はかかっても必ず結果がでると信じている。

こういうことは、むしろスポーツをやった人なら、イメージがつかみやすいかもしれない。

ほとんどのスポーツというのは、やり方を教えてから練習させる。だからコーチが大切なのだろう。

たとえば、ゴルフで自己流のスイングでは前に飛ばない人は、それを何千回練習したところで前に飛ぶようにならないだろう。コーチについてテクニックを教わって、前に飛ぶようになってから、そのスイングで練習すれば上達するはずだ。

『あしたのジョー』の矢吹丈にだって、丹下段平コーチは、自己流でサンドバッグを叩《たた》けとは教えない。ストレートやフックの基本を教えて、それを何回も練習させた。

ところが、勉強の場合は、ほとんどの子供が自己流だ。

ノートのとり方がメチャクチャだったり、前には進むが復習をしないとかで、勉強をやっている割に成績が伸びない子は少なくないだろう。そして、そういう子の多くは、やり方が悪いとは思わず、頭が悪いと思って勉強からドロップアウトしていく。

実は、高校生の時にそれを実感したことがある。

高3の夏、このままいけば合格できそうだと思って、私は図書館で勉強することにした。殊勝な気持ちなどサラサラなく、これから多少時間に余裕ができるし、男子校でガールフレンドがいなかったから、図書館で勉強でも教えてあげれば恋のチャンスも生まれるだろうと思ったのだ。

ところが、図書館に行ったら、とてもナンパできる雰囲気ではなかった。朝の9時から夕方の5時までトイレに2、3回たつくらいで、弁当を食べる時間も10分程度、何十人もの子供が一心不乱に勉強している。それが70年代の受験生の姿だった。

その時に、下手をすると、夏休みのうちに彼らの何人かに追いつかれたり、抜かれることもあるのではないかと心配した。

ただ、2日もしないうちに、逆に、合格できるという確信が強まった。

というのは、そこにいる受験生たちは、それだけ勉強しているのに、数学の問題集が1日に2、3ページしか進んでいないのだ。古文を一生懸命ノートに書き写している子もいた。こんなやり方では時間がいくらあっても足りない。これではとても合格できないと確信したわけだ。

おそらくは、彼らのうちのある一定の割合の人は、自分はこんなに勉強しているのにできないのは素質のせいだと恨むだろうし、自己評価も低いものになるだろう。素質のなさを本気で信じるようになったら、自分の子供の将来まであきらめるかもしれない。あるいは、受験勉強や学歴社会にルサンチマンをもつこともあるだろう。

実は、この話には続きがある。

たまたま、私の小学校時代の同級生が、その図書館にきていたのだ。彼は、「俺は、私立の大学でテニスをやるから」と比較的能天気に青春を謳歌《おうか》していたが、彼の友達にアドバイスしてほしいという。そして、地元でいちばんの進学校（それでも東大合格者はほとんどいない）に通う彼の中学時代の同級生を紹介されたのだが、彼はまじめにやっているのに成績が伸びないようだった。私は一言、「数学ができないのなら、さっさと答えをみて覚えたほうがいいよ」と伝えた。「そんなんじゃ実力がつかない」というので、「灘では当たり前にやっている」と返した。この言葉が効いたようで、彼は勉強のやり方を変えたようだった。そして、彼は、なんと東大の理科一類に現役で合格して、東大で再会したのだ。

この経験で、彼を含めて勉強をしているのに成績が上がらない大半の子は、決して頭が悪いわけでなく、やり方が悪かったのだと信じるようになった。

スポーツなら当たり前に教えるように、やり方を教えることで多くの子供が救われるというのは私の信念だ。
実は、私はスポーツではまったく逆の体験をしている。

逆上がりも縄跳びの二重跳びもできず、クラスの物笑いの種になっていた。自己流で多少練習していたのだが、できるようにならなかった。結局、それ以来、ずっと運動嫌いになり、今にいたっている。だから勉強で同じような状態に陥った人の気持ちが想像できるのだ。

「日本の場合、体育教師というのは体育ができる人であってやり方を教えられる人ではない。だから、体育の授業が体育嫌いを生んでいる」というスポーツライターの玉木正之氏の指摘は、正鵠《せいこく》を射ていると私は思っている。

10年ほど前、ある子供向けのスポーツクラブを取材したら、そこの経営者は「うちでは子供に逆上がりができるように教えられなければ、クビ（おそらくは再契約をしないということだろう）です」といった。

こういう教師に当たっていたら、私ももう少しスポーツが好きになっていた気がする。

根性主義で、自分で考えろとか、ただもっと勉強をやれと無責任に押しつける教師たちのほうが、よほど子供の才能を潰していると私は考えている。

和田式受験勉強法とは

和田式受験勉強法とはどういうものか、ここで、改めて説明したい。

和田式というと、「要領型の手抜き勉強法」とか、「暗記主体の勉強法」とか思われがちだが、基本的には三つのことを重視している。

一つは、「目標を偏差値を上げることに置かず、志望校の合格最低点に置く」ことである。たとえば、志望校の合格者の最低点が、数学と英語と理科で合計400点満点の280点であるとしよう。その大学の過去問をやってみたら180点だった。とすると、あと100点積み上げれば合格できる、ということになる。

そこで「志望校の合格者の最低点と、今の自分の学力のギャップを埋める」勉強をする。志望校の出題傾向に合わせた対策をたて、ギャップを埋める勉強をするのである。この方法だと、偏差値が届かなかったとしても、合計点で合格を勝ち取ることができるのだ。

二つめが、「勉強時間より勉強量を重視する」ことである。受験勉強というのは、3時間で10ページやった受験生と、5時間で5ページしか進まない受験生では、前者が勝つ。「何時間やったか」でなく、「どれだけやったか」で、受験勉強の成否が決まるのである。

受験勉強は、大学受験であっても、名門校や医学部を狙いたければ、中学生からスタートするのが理想である。しかし、現実には高校生からという人が多いであろう。だとすると、限られた時間の中でいかに効率的な勉強をするかが勝敗を決する。

和田式では「数学は暗記だ！」といっているが、これはスピードアップのテクニックの一つである。できる子が1問10分で解ける問題を、1時間かかって勉強していたのでは勝ち目はない。しかし、5分考えてわからなければ答えを見て、その解答パターンを覚えて点数を上げられるのなら、秀才の受験生に勝てる。

そういう逆転を可能にするのが和田式受験勉強法なのだ。英語に関しては速読のトレーニングを重視している。これは受験勉強のスピードを上げるだけでなく、昨今の受験英語では、長文がたくさんでるのがトレンドなので、その対策にもなる。

三つめは、「記憶に定着させることを重視する」ことである。3時間で10ページ勉強できたとしても、1か月後には2ページ分しか頭に残っていないのなら、5時間で5ページ勉強し、復習することで4ページ覚えている子に負けてしまう。そこで和田式受験勉強法では、より記憶に残りやすい勉強、復習を実践しているのである。

和田式受験勉強法は「目標を志望校の合格最低点に置く」のであるから、受験生はまず志望校を選ばなければならない。

そうでない通常の受験生（私はこんなのは受験生といわないと考えている。志望校が決まっていて、そこに向けて勉強をするのが受験生なのだ）は、予備校や学校にいわれた通りの勉強をして、偏差値が上がったら、それで合格しそうなところから志望校を決める。これでは、志望校を最初から決めている受験生と比べて、試験にでないことをやる無駄が多くなってしまう。

たとえば、医学部は、大学によって出題傾向が異なる。生物では医学部の教授がつくったとしか思えない、人体や遺伝についての高度な問題を出題する大学もあれば、一般の単語集にでていない医学英語を注釈なしで出題する大学もかつてはあった。

もしその大学に即した対策をしないで受験したらどうなるか。

よほどの秀才でない限り、思うように点数をとれないであろう。

よく「東大受かって早慶落ちる」ということがあるが、東大に合格するほどの学力があっても、早慶専願で勉強をしてきた受験生には負ける。要するに、早慶専願の受験生は、2科目から3科目に特化して勉強しているので、数学については「分数ができない大学生」（早慶レベルの文系学生の2割が分数の計算ができなかったという調査結果がある）になるかもしれないが、受験する科目については、東大合格者に勝つということだろう。

さて、その志望校を選ぶのに重要な手がかりとなるのが、志望校の過去問である。

過去問で出題傾向をつかめば、自分と相性のいい大学をみつけられる。

一般的なセオリーとしては、自分の得意科目の問題が難しく、苦手科目の問題が易しい大学を選ぶことだ。苦手科目であっても、問題が易しければそこそこ点はとれる。逆に得意科目は、難しくても相対的に高い点がとれる。

たとえば、「易しい問題、標準問題ならそこそこ高得点が狙えるが、難問に弱い」という受験生は、センター試験重視で二次試験の問題が易しい大学が狙い目である。反対に「標準的な問題ではミスが多いが、難問には強い」というのなら、二次試験の配点が高く、その上、難問がかなりでる大学（たとえば、東大）が狙い目ということになる。

だとすると、志望校選びの際には、自分の能力特性の分析が大切になる。

このような形で自分の能力特性の分析を行っておくことも、社会人になってから役立つだろう。もちろん、どんな仕事でも課題でも、相手を分析してから対応するというのも必ず役立つ仕事術のはずである。

また、仕事が遅い人が、方法を変えることで仕事を速くできるようになるはずだと思えれば、これも将来役立つはずだ。

最後の復習の習慣も歳をとればとるほど役立つものだ。記憶力が落ちたと嘆く人は多いが、受験生の頃ほど復習をしている人はほとんどいない。要するに記憶が落ちた以上に、復習をしていないのだ。覚えなければいけないことは何度でも復習するという習慣を身につけるだけで、大人になってからの記憶力の低下は、かなり軽減されるはずだ。

そういう意味で、和田式受験勉強法は、一生使える仕事術にも通じると思っている。「受験の要領」は「人生の要領」なのだ。

和田秀樹被害者について考える

私も和田式受験勉強法が万能だと思っているわけではない。

合わない人もいるだろうし、合わないのなら今のご時世、何人もの著者が受験勉強法の本を書いているのだから、別のやり方を試してほしいというのが私の本意だ。

ただ、特に私の初期の著書（これらは今でも文庫化して売られているし、売れている）にはいいすぎのものもある。信じて勉強すれば必ず受かるというような書き方をしているのだ。

こういう宗教の教祖様のようないい方は改めて、「このやり方でダメなら、別の著者のやり方を試してほしい。きっといいやり方がみつかるはずだ」というような文言にしたほうが親切だろうし、誠実だろうと悩んだ時期もあった。

しかし、私の読者の受験成功者の人たちが、「あの時、あんな風にいい切ってくれたから、勉強をやる気になった」などといってくれるので、勉強はやらないよりやったほうがいいに決まっているから、動機づけのためにあえてその手の文言を残すことにした。

ただし、その後の著書については、受験勉強法の通信受験指導を主宰することを通じて、丸暗記という言葉を使わなくなったり、信じれば必ず受かるなどとはいわなくなったなどという形で、かなり現実的に改善してきたし、合わない人用のアレンジもしている。

ところが1年ほど前に、「和田秀樹被害者の会」というSNSの主宰者を名乗る人から、突然、メールが送られてきた。

その人によると、10年ほど前に、私の本を読んだのに大学に合格できなかった同級生が、自殺したというのだ。さらに、秋葉原の連続殺傷事件の死刑囚も、青森県トップの進学校に進みながら、和田式受験勉強法にはまり、結果的に成績が下がり、希望の大学に進めず、あのような事件を起こしたと記されていた。

そういう経緯があって、和田秀樹被害者の会をたち上げたら、すぐに数百人の（SNS上の）会員が集まったとのことだ。

私も、因果関係を否定したり、責任を回避しようという気はない。むしろ、なぜその人が、和田秀樹の被害者を名乗るのかを考えてみた。

一つは、言葉は悪いが、被害者アイデンティティの問題が考えられる。私の被害者と名乗る以上、和田式ではダメだったが、他のやり方でうまくいったということでないと、私のやり方が悪かったとはいえないだろう。おそらく、他の著者の勉強法でうまくいった人は、「和田ってダメだな」などと批判することはあるかもしれないが、「被害者」アイデンティティでくすぶることはあまりないだろう。実際、私が知りあった東大卒の編集者に、暗記数学をやってかえって成績が下がったと笑いながら文句をいわれたことがある。「ただ、受験の基本的な考え方がわかって、東大に受かれたんだからそれでいいんですけどね」と付け加えた。その際、彼は立場上、私を攻撃できなかったかもしれないが、少なくとも被害者意識はなさそうだった。

もう一つは、この議論は確率論をまったく無視しているということだ。

毎年、高校生だけで200人以上が自殺している。私の本の年間発行部数や図書館での回覧率から推定すると、同じ世代で多い時は10%、今でも3~5%くらいには読まれているだろう。私の本を読んだ人が、一般の高校生と同じくらい自殺するなら、残念ながら、毎年、数人の自殺者がでることになる。自殺者が到底その数になるとは思えない。

インフルエンザの予防注射を打っている人がインフルエンザになった際に、「打ったからインフルエンザになった」とはいわないはずだ。「打ったのに、インフルエンザになった」というだろう。和田式の本を読む人のほうが自殺率が低いのなら、「和田本のせいで自殺した」というより、「和田本を読んだのに自殺した」というほうが正しい表現のはずだ。

被害者の会は数百人いるとのことだが、これも確率的に見るとかなり少ないといえる。

私の受験勉強法の本は、最初の6冊だけで、200万部は売れている。回し読みもされたそうだし、図書館にも置かれているから、数百万人の読者がいるはずだ。私自身読者の1%くらいは私の勉強法が合わなくて、かえって成績が下がるなど、「被害」を受ける人がいるという想定はしていた。つまり数万人の被害者がいると考えていた。今のようなネット時代で、このくらいの数にしか害が生じないのなら（もちろん、そう思っていても被害者と名乗らない人も相当いるだろうが）、積極的に和田式勉強法を勧めていいと、変な自信さえもった。

薬だって、副作用が一定の割合より少なく、効果があれば、副作用に目をつぶって売り続けられる。成功者が数多くいる限りは、和田式勉強法の提唱は続けるつもりだ。

ただし、勉強法にしても仕事術にしても、本人の能力特性や誤読によって悪い結果になることは起こり得る。副作用リスクは低くてもやはり起こり得るのだ。

「副作用」がでた際には、別のやり方を試すしたたかさとしなやかさを受験生にはもちあわせてほしいし、親や教師はその方向でアドバイスをしてほしい。

暗記数学再考

さて、和田式受験勉強法の中で、よきにつけ、悪しきにつけ私の名を有名にしたのは、やはり「暗記数学」（もしくは「数学は暗記だ！」）という言葉だろう。私の批判者の中にはそれを、考えさせないで何でも暗記で解決しようとする機械式勉強法というようなことを書く人もいた。

実は、数学は暗記だというのは私のオリジナルではない。最近になって知ったのだが、私より以前の著書で、暗記数学を提唱している人はいるし、そもそも私がこのフレーズを耳にしたのは、予備校の講師をやりながら、灘校の教師をしている方から高校時代に「数学は暗記ですからね」といわれたのがきっかけだ。

また、前述のように、暗記数学というのは、和田式受験勉強法の中で、単位時間当たりの勉強量を増やすというパートの一方法にすぎないのだが、これに影響を受けたという人は意外に多い。

いちばん多く聞くのは、あきらめていた数学をやる気になったというものだ。

「数学がずっとできなかったのは先天的な思考力不足のせいだと思っていたが、暗記すれば解けるようになるのなら、自分でもできるようになるかもしれない」と思い返し、やる気になったという人が多い。

実際、『受験は要領』や『数学は暗記だ！』という著書は、個人的体験を普遍化しすぎているうえ、前述のようにいいすぎの部分もあったので、かつて絶版にしたことがある。また「暗記数学」を、「パターン記憶数学」などと呼び方を変えようとしたこともある。ところが、主宰している通信受験指導でアルバイトをしている東大生たちには、これが評判が悪かった。

前述のように、「数学は暗記だ！」といい切ってくれるほうがやる気になるというのだ。暗記なら何とかなるという風に思える受験生が比較的多いということなのだろう。

印象的だったのは、この暗記数学のおかげで人生が変わったといってくれた人がいることだ。彼は将棋の奨励会出身で、結局、プロになるのを高校2年生であきらめた。将棋しかやっていなかったため、実質無試験の都立の新設高（第二次ベビーブームの際にたくさん新設されたので、こういうことが起こり得たのだ）に通っていた。

そこで、私の本をみつけ、「数学は暗記だ！」という言葉に惹《ひ》かれたという。私は将棋についてはからきし弱いのだが、彼にいわせると、弱いのは棋譜や定跡をきちんと覚えていないからだという。そして、この棋譜や定跡を覚えてそれを応用して実戦に挑むという構造が、私の書いていた暗記数学と一致するので、自分も受験数学に強くなれるのではないかと思ったそうだ。そのやり方で勉強したら数学が飛躍的に伸びて、その新設校で開校以来初の早稲田大学合格者になった。さらに、他の科目も和田式受験勉強法で伸びるのではと思って、あと1年勉強したところ、東大に合格したのだ。

試験というものの構造がわかったことで、彼はその4年後、難関の新聞社（東大をでていても数倍の競争率だという）の試験にも合格し、新聞記者となった。こういう話は本当に嬉しい。

ここで暗記数学について、基本的なテクニックの解説をしておきたい。誤解されている向きもあるので、それを解くという意味もある。

というのも、数学の問題をやみくもにどんどん覚えていけば、受験数学ができるようになると誤解されることが多いからだ。

私の場合、どちらかというとどんどん覚えることで、数学ができるようになったのは事実だ。

灘校の劣等生だった高校1年生の頃、灘校では大学入試レベルの問題を週に2回、10問ずつ、宿題にだされた。問題集の解答欄には答えしか書かれておらず、解き方は書いていないので、自分で解かないといけない。毎回10人が当てられて、黒板に自分が解いた解答を書かされる。当時の私は、そのレベルの問題だと1問30分から1時間かかったし、それでもできない問題があるので、宿題をやるのを放棄してしまった口だ。というか、クラスの中でちゃんと宿題をやってくる人間は、3分の1くらいしかいなかった。当てられると、みんなやってきた人からノートを借りるのだ。

ただ、その場はそれで切り抜けられても、中間期末のテストではそうはいかない。テストでは、ほとんど同じ問題、もしくは数字を変えたくらいの問題がでる。その代わり、50分のテストで、入試レベルの問題が10問もでる。今から考えると、まさに解答を覚えてこいというようなテストだった。

こういうのをビジネスチャンスと考えるのが関西人らしいところで、同級生の一人が、優等生のノートを編集して、わかりやすい解答集を発売した。当時、やっと湿式のコピー機が普及した頃だったのだが、それをもっている医者の子の家でタダでコピーをさせてもらって、1部500円で売ると、飛ぶように売れた。私ももちろんユーザーだった。

それで、答えを覚えていくと、これまでは赤点ギリギリだった数学で満点がとれるようになった。覚えていれば解けるような出題だし、覚えていかなければ、かなりの秀才でも時間切れになるような問題数だからそれも当然なのだが、これには正直驚いた。

もっと驚いたのは高校2年生になって受けさせられた模擬試験の際だ。当時の灘校では、高校2年生で受験生対象の模擬試験を受けることになっていたのだが、答えを覚えていけば、中間試験や期末試験で点がとれるのは当然としても、模擬試験では化けの皮がはがれるだろうと思っていた。

ところが、それだけの量の問題を覚えていると、ほとんどの問題が、どこか見覚えがあり、解答の筋道が浮かんでくるのだ。要するにヒント付きで問題を解くのと同じことになる。

結果的に、いつの間にか数学が得意科目になった。そして、これを前述のように図書館で知りあった同じ学年の男の子と、自分の弟に教えて、東大合格に導いた。そこで、1987年にだした『受験は要領』では、数学を丸暗記科目のように書いて物議をかもしたのだ。

これで飛躍的に数学の点を伸ばした子がいるのは事実だし、たくさんの感謝の手紙をもらったのだが、やってもできるようにならないという抗議の手紙もかなりの数もらった。

そうこうするうちに、私は受験勉強法の通信受験指導を始めることになり、やはり暗記数学で伸びない子がたくさんいることを知って、どうして伸びる子とそうでない子がいるのかを本格的に分析することになった。

そして、最終的に暗記数学には三段階あることを発見した。

第一段階は「計算力」である。私の場合、小学3年生で3級になった算盤《そろばん》と、中学受験のおかげで計算力が鍛えられていた。そのため、答えを読んで、上の式がなぜ下の式に変形されていくのかが暗算できるので、すぐにわかる。だから、答えが覚えやすかったのだ。もちろん、計算が速くて正確なほうが、センター試験も含めて有利なのはいうまでもない。

第二段階が「暗記力」である。10行もある数式は、よほど記憶力のある人でないと丸暗記ができない。解答を理解してこそ暗記ができる。これを私は理解型暗記と呼んだのだが、解答が理解できないなら、問題集のレベルを下げ、解答がわかりやすいものを選び、前述の計算力のトレーニングを並行して行うことでかなり解決する。

第三段階は、私が「試行力」と呼んでいるものだ。チャート式の問題集の解答を全部覚えたからといって、一定以上の難関校の入試問題は解けない。ただし、これまで覚えた解答を応用したり、組みあわせたりすれば、大部分（少なくとも合格ライン）の問題は解ける。ベクトルならベクトル、数列なら数列の問題を50問くらい覚えたら、実際の入試問題を解いて、覚えた解答を「使う」ことが必要だ。その際、1回目に思いついた解答を使って解けるとは限らない。あれこれと試して解答にたどり着くのだ。これを私は思考力ならぬ「試行力」と呼んでいる。

このような指導をするようになって、通信受験指導のほうでも、当初の暗記数学ではうまくいかないようなタイプの子でも、だいぶ数学ができるようになった。

数学の解答を覚えないで、公式や定理だけを覚えて、いきなり入試問題にあたるのは、まさに駒の進め方だけを覚えて、定跡や棋譜を覚えないで将棋をやるようなものだ。

さて、昔は批判されていた和田式暗記数学だが、最近はシンパも増えてきた。

実は、私の暗記数学をもっとも批判していた数学者たちと、2002年のゆとり教育導入反対の件では共闘することになった。私のやり方を支持してもらったというより、「暗記数学でもやらないよりまし」という理由だったようだ。確かに既存の数学学習法では、数学をあきらめ、スキップしたまま受験する子が増えるという危機意識を彼らももっていたのだ。

別の正統派とされる教育指導者の学校教師対象の講演にも、講師として呼ばれたことがある。ここでも、私のやり方が批判されるかと思っていたら、その指導者の方は、「今の学校教育では、半分の生徒が『お客様』になって座っているだけにされてしまう。わからないなら、答えを覚えさせるのは当然のことです」と実践家らしいおほめの言葉をくださった。

実際に数学に苦手意識をもつ子は多いし、数学離れも進んでいる。

何より、世界一の数学力を誇った日本の子供たちが他のアジアの子供たちに勝てなくなっている。

実効性の不明な教育改革より、暗記数学（それでも向かない子がいるのは認めるが）を通じて、数学ができるようになる体験をさせて、数学受験者を増やすほうがよほど実効性があると私は長年の経験から信じている。

「ミスらん力」と「失敗学」

さて、今回の「答申」で気になったのは、1点刻みの採点に否定的であるということだ。

大学入学後の資格試験も含めて、受験というものを考える時に、よく問題になるのは、「実力があるのに、ミスで落ちる」人間をどう考えるかである。

入学後の伸びなどを考えると普段の学力のほうが重要だ。だから調査書（ただ、現在の調査書は前述のように普段のいわゆるペーパーテストを反映したものでなくなっているが）を重視したり、複数回受験でいちばんいい点のものを提出していいという方式を主張する声も根強い。もっとも、アメリカの場合は、SATにせよ、TOEFLやTOEICなどはこの方式であるが、ETSというテスト法人——理事長の巨額報酬が問題になったこともある——がやっているので、複数回受験をさせたほうが収益が上がるという側面もあるのだが。

一方で、ミスも実力のうちという考えもある。

この考え方に従えば、受験勉強というのは、ミスをしなくなるいいトレーニングでもある。確かに日本人の学力が高かった頃の日本製品は故障が少ないことで国際競争力を得ていた。

ミスをしない能力を受験で得たからというのは牽強付会《けんきょうふかい》にすぎるだろうか？

医療の世界は、もっともミスの許されない世界だが、日本の場合は、ミスをしなくなるようなインセンティブがないといわれる。

要するに、ミスをしない腕のいい医者と、18人も患者を殺すような医者と、あるいは研修医（今は臨床研修を終えないと普通の病院で臨床ができないことになったので、それを終えたばかりの医者）で、給料が大して変わらないし、保険の点数も同じだ。

また日本では腕がいい人より、研究業績で教授を決める傾向が強いから、ミスを減らしても昇進にはほぼ影響しない。

さらにいうと、先進諸外国と比べて、医療ミスで医師が訴えられることもきわめて少ない。

それなのに、日本の医療ミスは諸外国と比べてむしろ少ない（ミスの隠蔽《いんぺい》がある可能性は否定しないが）。アメリカの場合は、死因の3位が医療ミスという報告さえあるのだ。

海外と比べて、公的保険が充実しているので、医者は忙しい代わりに経験が豊富であるとも考えられる。しかし、手術の場合は、アメリカでは、いい施設に患者が集中するので、心臓外科などは外科医一人当たり年間100例が標準とされるが、日本はずっと少ないことが明らかになっている。

それでもミスが少ないというのは、受験で鍛えられたからではないかというのが、私の率直な印象だ。91点と100点が一緒になったり、何回も受験ができる（命のかかった手術ではそうはいかない）システムというのは、やはりミスに対する緊張感やミスを減らそうとするインセンティブを低下させ、日頃のトレーニングに悪影響を及ぼす。それが、素直な人間心理というものだろう。

自分の身内の手術が医療ミスに終わって、「ふだんは有能なのですが、本番でミスしちゃって」で許せるのなら、今回のような制度改革を歓迎していいだろうが、私にはとてもできない。ミス（のなさ）も実力のうちというのは、むしろ社会にでてからは常識とさえいえる。

日本人は失敗を恐れすぎてチャレンジ精神がないというが、ミスが少ないのと失敗を恐れるというのは違う話だ。たとえば、同じように実験が失敗したとしても、ミスをしないのに失敗したのなら、仮説を組み直すことになるが、ミスのための失敗なら何度も同じ実験をしないといけない。ミスがないほうがむしろいろいろなことにチャレンジできるのだ。

問題は、ミスをなくす受験テクニックがあるかということだ。

一般的には、ミス対策として、「落ち着いてしっかり問題文を読め」「何回もしっかり見直せ」「気をつけろ」などとよくいわれるが、このことは受験の場では皆が心得ていることだろう。それでも平常心を失ったり、ミスを誘うような問題にひっかかったりして、つい間違えてしまう。

時間が足りないのが当たり前のようになっているセンター試験などの場合は、見直しの時間をとるのも無理な話だ。たとえば、英語ならセンター試験でも長文が3～4問出題されるし、難関校の二次試験では長文が5問以上出題されることがざらにある。数学や理科でも、処理速度を競う問題が多い。見直しの時間はまずとれないと思ったほうがいい。

それに、受験の見直しというのは、本人が合っていると思っている解答から間違いをみつけることなので、「見直し」ただけでは、どこが間違っているかみつけにくい。「解き直し」をすることで間違いがみつかる可能性があるが、そこまでの時間を割くのは困難だ。

ではどうすればいいか。

本番での集中力や見直し力のようにあてにならないものを期待するより、やれる限りの事前のミス対策を行うのだ。私はこれを「ミスらん力」と呼んでいる。

いちばん大切なことは、これまでやらかしたミスを二度としないことである。これまで受けた模試などを改めてチェックしてみるのがいいだろう。

次に大事なことは、人がよくやるミスを自分はやらないことである。

拙著に『ケアレスミスをなくす50の方法』という本がある。これは、私の主宰する緑鐵受験指導ゼミナールのスタッフに、受験生がやりそうなミスのパターンを50個集めさせて、それぞれに対策を打ちだした本だ。

たとえば、条件式を見落とすというミスのパターンに対して、問題を解く前に条件を解答欄の下に書いておき、解き終わってから条件式と照らしあわせて、合うものだけを解答欄に書き、それが終われば解答欄の下に書いておいた条件を消しゴムで消すというようなものだ。

このような「ミスらん力」を試験前につけておくだけで、本番でのミスは格段に減るはずだ。

実は、本書を企画した際に、もっともヒントにしたのは、畑村洋太郎東大名誉教授が主唱する「失敗学」である。

畑村先生とは、２００１年に共著で、『東大で徹底検証!! 失敗を絶対、成功に変える技術』という本をだしたことがあるのだが、その本をつくる際に、畑村先生の著書を何冊か読んだことがある。

その中でいちばん心に残ったのは、「『失敗は成功のもと』『失敗は成功の母』という言葉があるが、失敗しても、それを反省して欠点をあらためれば、成功に導くことができる」というような意味のことだった。そして、同じ失敗をしないように人を戒める失敗博物館をつくれとも主張されている。

まさに至言である。

模擬試験だって、自分の偏差値や合格可能性ばかりを気にしている受験生には、ただの力試しだが、自分がどこで減点されているかを検討し、その中で解決可能なものは解決していくという姿勢があれば、次回からの点数は上がっていく。また、ミスをしたならそれを心に刻み、次回から同じミスをしないように気をつけていれば、やはり点数は伸びていくはずだ。

この失敗博物館の受験版が、前述の私の著書である。失敗学との出会いが、私の受験テクニックをさらに進化させてくれたのだ。

ミスをしないこと一つとっても、精神論で片づけるより、テクニックを教えるほうが失敗学的な発想が身につくし、社会にでてからも役立つ力になるはずだ。

合計点主義とメンタルヘルス

子供のメンタルヘルスへの受験勉強の影響については、第1章で述べたが、そもそも受験勉強というのは、メンタルヘルスにとって諸刃《もろは》の剣のようなところがある。

1点でも上げたいから、どの科目もできるようになりたいと思っても、その人の能力特性と合わない科目や単元はある。そのために点数が上がらなければ、自分を追い詰めることになるし、自己評価を下げることになる。

あるいは、前述のミス対策にしても、ミスは許されない、満点でなければいけないと思い込んでいれば、やはり完全主義的思考に陥る。これは認知療法という心の治療法の考え方では、もっともメンタルヘルスに悪い思考パターンの一つとされる。

前述のように和田式受験勉強法では、この手の考え方を捨てさせる。

どこの学校でも受かる学力を身につけるより、志望校に受かる学力があればいい。

満点でなくても合格できる。合格者の最低点をクリアすればいい。

やってもできない科目や単元は捨てるか後回しにする。得意科目を伸ばせるだけ伸ばして、苦手科目の負担を減らす。

このような発想を染み込ませるのだ。

受験秀才は何でもそつなくこなす優等生というイメージがあるが、私が見る限り、東大生、特に理科三類に受かるような人は、長所を思い切り伸ばすような勉強をしてきた人が多い。

そして、今の時代は、欠点のない人間より、長所の光る人間のほうが成功しやすいとされているのだから、このテクニックを身につけさせることは社会にでても役立つはずだと私は信じている。

前にも述べたように、現行の受験勉強というのは、プロセスより結果が重視されている。苦手を克服しなくても、他の方法で合格できればいい、その他の方法を考えるのが受験勉強の「考える力」なのだ。

あるいは、本番でも満点をとりたいなどと思っていると、1問目が難問だとパニックになってしまう。しかし、この問題はおそらく他の受験生もできないだろうから、これを捨てて解ける問題からやっていこうと思えたら、合格に近づける。

社会にでてからも、難しい課題から逃げてばかりというのは問題だが、できないところは素直に認めて、できるところで高いパフォーマンスを発揮するほうが、「使える人」という評価が得られるはずだ。

これは外資系の人材コンサルタントに聞いた話だが、「日本人は、残業してでも完全なものにしないと与えた仕事を提出したがらないが、ある程度のできなら、締め切りまでにだしてもらったほうがはるかに助かる。あとはこちらで手直しすればいいのだから。満点にこだわって締め切りに遅れるのは、実際は、0点と似たようなものだ。もちろん、全部こちらでやり直さないといけないようなものをだしてくる人は論外だが」とのことだった。

満点を狙い、時間切れになる（試験の日に間に合わない）のは、できが悪くて不合格になるのと結果が同じという受験のシステムのもとでは、合格点をとるという目標設定のほうが大切になる。これが甘い人はやはり合格できない。伸びない科目を捨てて、伸びる科目をやれというのも合格点をクリアするためだ。

目の前の苦手科目にこだわって、全体が見えていないのは、まさに我々精神科医が問題にする神経症の人たちと同じ発想である。

私は40歳頃から森田療法という心の治療法を勉強しているが、第1章でとり上げた顔が赤いという部分にこだわり全体が見えないような状況から、全体が見えるようにする、つまり人に好かれたいという全体の目的をもう一度考えさせるというのが治療の主眼になっている。

また、手洗いがやめられない（2時間も3時間も続けてしまう）手洗い強迫の人は、完全主義に陥っている。その場合、黴菌《ばいきん》を完全にゼロにするのは無理と開き直って、本来の目的である健康になるにはどうすればいいかを考えなさいと指導する。

和田式受験勉強法では、合計点主義と合格点主義をもっとも大切にする。

受験の世界には、科目のプロはいっぱいいるが、合計点を上げさせるプロはあまりいない。自己管理するしかないのが現状だろう（同じく、医学の世界でも、専門分野のプロはいても人間全体を診《み》れるプロが少ないのが問題視されている。コレステロールは心筋梗塞《こうそく》のリスクを上げるが、免疫機能を上げるのでがんのリスクは下げる。合計するとどうなるかを考える医者が少なすぎるのだ）。

しかし、このテクニックを身につけることは、将来の仕事力や、メンタルヘルスに大きな影響を与えると私は信じている。

今回の「答申」や「最終報告」を見ていても、まんべんなくできる、従来型の学力以外もできるというような完全型あるいは万能型の人間像を教育の理想においているようだが、むしろメンタルヘルスの上では危険だし、かえって時代に合わない人間をつくると危惧している。

学校で受験テクニックを教える

以上のことを読んで頂いて、これまで知らなかった、気づかなかったと思われた方も少なくないのではと私は感じている。

受験テクニックを知らないがゆえに、地方の学校の秀才が名門大学に入れないのは、残念な話だし、受験テクニックの意味を子供に教えることは、その子の後の人生にも役立つはずだ。数学ができないがゆえに数学嫌いになっている人や、そのせいで頭が悪いと思っている人のコンプレックス解消に多少なりとつながるだろう。

- ミスをした場合には、同じミスをしないようにすることがいちばん大切。
- 模試の偏差値を上げることより、志望校の過去問で合格者の最低点に近づくことのほうが大切。だから、周囲の人間をライバルと考えるより、点数を上げるための協力者と考えたほうが受験はうまくいく。
- 満点をとれなくても合計点で合格できるし、苦手にこだわるより得意を伸ばしたほうがいい。

こういうことを自覚することが、受験学力を上げるだけでなく、将来の仕事や人生に役立つはずだということが私が本章でいちばんいいたかったことだ。

もちろん、どんな試験にだって、その対策もあればテクニックもある。

文科省の目論《もくろ》む改革が断行されれば、面接のテクニック、小論文のテクニックを教えるビジネスが盛んになるだろうし、そのテクニックを学んだ人間を見破ることは困難だろう。見破ったところで、その能力を身につけた人間を落とすことは改革の趣旨からはずれる。

思考パターンを見るような問題をだすと、思考力が伸びると思われがちだが、採点者が喜ぶ思考パターンが読まれてしまうと、かえってそれを覚えればいいという話になって、思考力が奪われる危険も大きい。

表現力のテストの施行も一般的な表現力やプレゼン能力を上げるかもしれないが、子供（特に優等生）たちの表現をワンパターンにすることは十分考えられる。

本書で書いてきたように現行の「従来型の学力」を測る試験に対する受験テクニックは、いわゆる受験産業の人間でなくても、学校の先生がちゃんと勉強すれば、すぐにでも教えることは可能だろう。

しかし、小論文や面接、プレゼン能力などのテクニックは、今のところ教科のプロでしかない学校教師より、やはりその道のプロに直接教えてもらったほうが身につきやすい。つまり、地方と都会、貧しい家の子と金持ちの家の子との差が余計に開かないかが心配になる。

それに対して、現行の試験は、受験テクニックを教えていくことで、地方と都会、貧しい家の子と金持ちの家の子の格差を縮めるだろうし、将来をあきらめる子供を減らすとも考えられる。

小中学校の学力調査で日本一を続けてきた秋田県が、それにもかかわらずあまりに東大合格者数が少ないと、マスコミに揶揄されたところ、県知事の意向で、予備校と協力して受験対策を行った。すると、たった1年で県のトップ校の東大合格者数が倍になったという。基礎学力の高い彼らに足りなかったのは、テクニックだったのだ（もちろん、進路指導で東北大で満足していた子に、東大を目指させたという要因もあるらしいが）。おそらく都市部のほうが圧倒的に有利な小論文や面接の対策より、こちらのほうがはるかに地方を救う気がする。

ただ、学校で受験テクニックを教える際、いちばん教えてほしいことがある。

それは、受験テクニックには、絶対の正解などというものはなくて（だから、これまで提示してきたものも誰にでも適応する「正しい」ものだと主張する気はない）、人それぞれに合う、合わないがある。だから、このやり方でうまくいかなくても、自分はダメだと悲観したり、あきらめたりしてはいけない。他にもたくさんテクニックがあるから、うまくいくまで試してほしい。そうすれば、いつかはきっといいやり方に出会って、あなた方の能力が伸びるはずだと。

第３章　学力と日本の教育について考える

真の学力とは何か

何度も述べてきたように、今回の「答申」でも「最終報告」でも、これまでの知識・技能重視の学力は、「従来型の学力」として切って捨てられた。そして、「(1) 十分な知識・技能、(2) それらを基盤にして答えが一つに定まらない問題に自ら解を見いだしていく思考力・判断力・表現力等の能力、そして (3) これらの基になる主体性を持って多様な人々と協働して学ぶ態度」(これらを「学力の3要素」と呼ぶ) がこれからの時代に必要な学力であるとされている。

基礎学力の低下が問題にされ、「十分な知識・技能」でさえ怪しい子供が増えてきている中、ずいぶん欲張りな目標のように思えるが、一流大学に入る人には、このくらいのものが必要だといわれたら、納得する方も少なくないかもしれない。

ただ、実は、これに例外を認めている。

「答申」においては、「特定分野において卓越した能力を有する者や多様な背景を持った学生に対する適切な評価」という文言がある。

これが何を意味するかが具体的に書かれているわけではないが、2016年の春から東大でも始まったAO入試では、たとえば経済学部では、「学部が求める書類・資料」にまっさきに例示されているものが、「数学オリンピックなどの科学オリンピックで顕著な成績をあげたことを示すもの」となっている。

確かに数学オリンピックで優勝した学生なら、多少、国語力や英語力、社会科などの記憶力、あるいは、改革派の求める表現力やさまざまな人々と協働して学ぶ態度に多少難があっても、東大のようなエリート学校で高等教育を受けさせていいと考えるのは妥当な話だ。

ところが、私が何人かの国際レベルの数学者に聞いた話では、数学オリンピックのメダリストが意外に数学者として大成しないという。

理由は私には納得できるものだった。

数学オリンピックというのは、超難問を解く能力を求めるものだが、一流の数学者に求められる力は、むしろ問題をつくるほうの能力だという。

確かに、数学の難問を解くためには、常人を超えたユニークな発想力が必要かもしれないが、それはあくまで、問題解決能力である。一流の学者に必要なのは、問題発見能力だということだ。

実際、ノーベル賞などでも、原則的に仮説をたてる人のほうが、それを証明した人より偉いという扱いを受ける。日本最初のノーベル賞学者湯川秀樹氏も中間子の存在を予言したのであって、発見したのではない。小林・益川理論というのも、クォークが6種類以上存在することを仮定したもので、それが後に証明されてノーベル賞をとったものだ。数学の世界だって、フェルマーの最終定理は、約360年後に証明したアンドリュー・ワイルズより、それを予想したフェルマーの名のほうがはるかに有名なのは事実だ。

ビジネスの世界でも、必要なものがほとんど開発されつくされてくると、たとえばポケットに入るラジオとか、排ガス規制に適応した車をつくるだとかいう問題解決能力より、こんなものだったら自分がほしいからつくれと部下に問題をだす、スティーブ・ジョブズのような人材が必要とされているといわれて久しい。

もちろん、こういう能力（学力）を大学受験生や初等中等教育の学生に求めるのは酷《こく》なことだが、前出の3要素を新しい学力として得々としている学者による「答申」や「最終報告」のほうが、実際は古い考えにとらわれた学力観といえるのかもしれない。

普通教育の意味

日本国憲法の第二十六条に、「すべて国民は、法律の定めるところにより、（略）その保護する子女に普通教育を受けさせる義務を負ふ」とある。

義務教育というのは、子供が教育を受ける義務でなく、親が子供に教育を受けさせる義務ということだが、もう一つ重要なのは、その受けさせる教育というのは、普通教育でないといけないのだ。

これは明治時代に義務教育が始まった時からの基本的な考え方なのだが、その当時は、貧しいからといって、子供に教育を受けさせずに働かせてはいけないというのと同時に、丁稚《でっち》や大工の見習いをやらせるのも教育だと開き直らせないために、そういう徒弟教育を受けさせても義務教育を受けさせたとはみなさないという意味である。

よく学校は、社会にでて役にたたないことばかりを教えると批判する人は少なくない。ベストセラー作家の曽野綾子氏は、「自分は社会にでて二次方程式を一度も使ったことがない」という意味のことを仰《おっしゃ》っていた。現実にこの発言の後、曽野氏の夫である故三浦朱門《しゅもん》氏が教育課程審議会の会長時代に決まった、いわゆる「ゆとり教育」のカリキュラムでは義務教育から二次方程式の解の公式がはずされたのである。社会にでて役にたたないことは教えないという方向性が実行されたというわけだ。

ただ、社会にでて役立つことばかりを教えるのが徒弟教育の特徴ともいえる。この手の徒弟教育では商人の丁稚であれば読み書き算盤、大工なら道具の使い方の他に測量術など、仕事をする上で役立つことは、むしろ徹底的に教えられた。

しかし、徒弟教育は何がまずいかというと、商業では食べていけなくなったとか、大工が嫌になったという時に転職がしづらいということである。要するに、一生その仕事に縛られることになるわけだ。

一時期、安達某《なにがし》なる子役タレントの母親が、自分の子育て本のパブリシティでラジオ番組に出演していたことがあったが、そこで驚くべき発言があった。

売り出し中の時に、義務教育の教師から、「ちゃんと出席させてください」と注意を受けた際に、「貴方は、私の子供の将来に責任がとれるのですか？　彼女は学校で習うことより、ちゃんと社会勉強もしていますし、ここで仕事のチャンスを失ったら、将来のチャンスがなくなります。その責任がちゃんととれるなら学校に行かせますけど」というような主張をしたら、その教師は返答できなかった（と彼女が思ったということだろうが）とのことだった。

職業に貴賤《きせん》なしというが、子供の将来のために学校に行かせず、徒弟労働をさせたり、農業の手伝いをさせてはいけないように、いくら将来につながるかもしれないからといって、学校に行かせないで役者の仕事をさせるというのは、少なくとも現行の憲法では憲法違反である。

将来が心配だからといって、脱税して、貯金してはいけないのと同じ、国民の義務逃れである。

学校の教師なら、そのくらいのことはいうべきだろうし、この親が憲法を読んでいないことまでは許されるとしても、こういう憲法違反を自慢話のように公共の電波を使って流すのは、もっと異常なことだ。

ただ、一方で、憲法も時代が変わったのだから改正したほうがいいという考えがあるように、今の普通教育は古いので、実用的にすべきという考え方があって悪いわけではない。憲法は改正されるまでは守らないといけないが、だからといって改正の議論をしてはいけないわけではないのと同じことだ。憲法改正の主張をするならわかるが、違反を容認してはいけないといいたいのだ。

普通教育というのは、社会にでて直接役立つことを目標としたものではない。役立たないかもしれないが、このくらいの学力がないと社会にでて困る、あるいは日本人として身につけてほしいというレベルの一通りの知識や技能のセットが義務教育のカリキュラムとなっている。

二次方程式を勉強しなくても困ることはないという人がいるように、私も高校生以降は、映画の原作を探すために読むようになるまで小説を読んだことがなかった。それでも、困ったことはないし、文筆業で食べてもいける。しかし、小説を学校で教えるなどという乱暴な議論に与《くみ》するつもりはない。学校である程度、心情読解などを習ったから、小説を読みたくなった際に、おそらくは習わなかった人よりきちんと読めると思うからだ。

もっと教えなければいけないもの（たとえば情報教育など）がでてきたり、不要になったものを削減したりするという形で、学習指導要領の改訂は、これまでも繰り返されてきた。

ただ、主要5教科（小学校の時は4教科）の枠組みは戦後一貫して変わっていない。

これが妥当かが大きな問題となっているから、「合教科・科目型」「総合型」を導入しようというのだが、私の知る限り、他国の教育改革でも、初等中等教育で科目の枠組みまで変えようという話はほとんどない。ゆとり教育反対の際に、各国の教育カリキュラムを調べたことがあるのだが、一緒に戦っていた学者の人たち（主に数学者）も、「なんやかんやいって、この枠組みにもそれなりの妥当性があるのだろう」という風に結論づけていた。何の準備実験もせずに、いきなりこの枠組みを壊すのは、壊されるこの世代の人間全体に人体実験を断行する側面もあるのは間違いない。

一芸秀才、天才への期待は妥当なものか

私がいいたいのは、伝統や実績のある普通教育や主要教科の意義を否定するのならば、それなりの根拠が必要だということだ。調査結果や外国の事例といった根拠も示さず、予備実験すら行わずに、学者や役人の思いこみで、それを否定し、新しいカリキュラムを日本中の子供に押しつけることが許されるとはとても思えない。

プロローグでも触れたが、日本でも現在のノーベル賞受賞者は、すべて国立大学の出身者であり、厳しい受験競争に勝ち抜いたと同時に、多科目受験（共通一次試験やそれ以前の制度でも主要5科目をすべて受験している）の経験者である。

物理の研究者であれば、物理だけが突出してできる人であればいいというわけではなさそうなのだ。

海外はそうでないというかもしれないが、海外のほとんどの研究者は、その国のトップレベルの大学を卒業している。日本以上に高校在学時のGPA（各科目の成績から特定の方式によって算出された学生の成績評価値）が入試の判定に重視されるので、やはり基礎学力がかなり高くないとそういう大学には入れない。

アインシュタインが学校の勉強が嫌いだったり、言語能力に問題があったとされているが、物理と数学の成績がいいから無条件に大学に入れたわけではない。ギムナジウムの卒業レベルに達すると認められるまで大学入学を許されなかったのだ。そうやって、研究者としての最低限の基礎学力は担保されていたのだろう。

現行の入試で、仮に創造性や発想力が奪われる（私はその考えに与しないが）としても、大学以降の教育で十分挽回《ばんかい》は可能だし、基礎学力が高ければ、それを伸ばすことも可能だ。

物理や数学はずば抜けた能力があるが、他の教科はからっきしできないとか、英語はネイティブレベルだが他の教科ができないとか、文才は抜群だが、英語も理数系の科目もまるでダメというような人材こそもっと東大のような大学で迎え入れるべきとか、その才能をもっと伸ばせる環境をつくるべきという考えはどうだろうか？

現実には、そういう一芸秀才というのが、たとえば、研究者になれたとしても大成するのは困難だろう。

ノーベル賞をとった益川敏英氏は英語が苦手で、受賞記念講演も通訳つきの日本語で行ったことで知られるが、それは英会話が苦手という話で、少なくとも受験当時の名古屋大学に合格できたくらいの学力はあり、英語の論文を読み書き（書くほうも苦手だったというエピソードはある）できたのは確かなことだ。

将来、英語の翻訳ソフトが進歩してくれれば、違うかもしれないが、これまでは英語の読み書きができない人がノーベル賞をとることはあり得なかった。ある程度の語学力のほうは翻訳ソフトでなんとかなるかもしれないが、国語の読解力や文書作成能力があまりに低ければ、翻訳された日本語も理解できないだろう。

確かにある種の学習障害で、特定の科目だけは得意だが、別の科目はまったくといっていいほどできないという人は珍しくない。

彼らの優れた能力をどうやって活《い》かせるかを考えることはすばらしいことだ。

スポーツの世界だって、たとえば野球ならバッティングは優れているが守備や走塁が全然ダメという人は、やはり活躍の機会が限定されるし、そういう人から守備や走塁の練習を免除し、バッティングの練習だけをさせて得意を伸ばしていくということはまずないだろう。

一芸に秀でた人の能力を引きだすために、その一芸をさらに大学で伸ばすという考え方もあり得るが、逆に、その一芸を活かすための他の能力を身につけさせてあげる教育を大学で行うのもいいだろう。大学受験の際に、高校教師や予備校教師ではできなかったことでも、学習障害の専門家ならできるかもしれない。

しかしながら、一芸に優れた人を過度に評価し、それだけを伸ばしていけばいいというのは、現在の大学教育では、かなりリスクの大きいことだということは認識しておいたほうがよさそうだ。

学力と学ぶ力

ゆとり教育の是非について激しい議論がなされていた際に、学力とは何かという議論も盛んになされた。

広辞苑では、学力というのは

「①学問の力量。がくりき。

②学習によって得られた能力。学業成績として表される能力」

と定義されている。

一般的な定義としては、学習をして、それをテストなどで測った結果を学力と考えるということになる。勉強は一生懸命しているのだが、テストでは点がとれないという場合、学力がついたとか、学力が高いとはいわないわけである。

この学力観に対して、教育学者の多くは批判的である。

テストの点では測れない「見えない学力」があるはずだという提起も盛んになされる。

ゆとり教育の理論的支柱の一人と目され、現在、中央教育審議会初等中等教育分科会教育課程部会の中学校部会主査の市川伸一東大教授は、私と共著で対論本（『学力危機』）をつくった際に、「学力」は「学ぶ力」だという主張を展開された。

要するに現在のテストの結果というより、これから「学んでいける力」ということだろう。テストの点が高くとも、学習意欲に乏しく、あるいは丸覚えに頼ってきちんとした理解をしていなかったりするなら、その後の学ぶ力につながっていかない。同じくテストの点は悪くとも、意欲的で、理解もきちんとしている子ならポテンシャルは高いということなのだろう。

これは、説得力のある考え方であるし、現在の観点別評価でも、テストの点と意欲・態度が同等に扱われている。テストの点が高くても、意欲・態度の評価が低い人間は、これから学ぶ力に欠けるとみなされるということだ。

しかし、1年後の学力（テスト学力）の高さにいちばん相関の高いパラメーターは、現在の学習時間や親の学歴など、意欲や素質を反映するものではなく、今高い点をとっているかどうかだというデータがある。

今点数が高くなくても親の学歴が高い子供であれば来年は逆転するとか、勉強時間が長い子のほうが来年は逆転するとか、そう思われがちだが、結局、来年高い点をいちばんとりやすいのは、今高い点をとっている子だということだ。

テストの点数の高い子は、勉強時間が少なくて意欲が低いように見えても、それなりにコツのようなものをつかんでいるのだろうし、素質などはそんなにあてにならないという結果である。

これを見る限り、やはりテスト学力はあてになるという気がする。

『「超」勉強法』の著者の野口悠紀雄《ゆきお》先生は、成績の悪い生徒に「得点力」をつけることで「勉強嫌い」から脱却させることを主張している。勉強していてもいい点がとれなければ、通常勉強嫌いになる。逆に試験でよい点をとらせるとやる気になるのは、経験的にみて正しい考えだと思う。

テスト学力は学んだ結果であって、これからの「学ぶ力」につながらないという一見正論は、教育現場を知らない人の暴論、理想論のようにしか私には思えないのだ。

この歳になって私が痛感しているのは、「学ぶ力」というのは学習意欲だけの話ではないということだ。実際、私が何か新しいことを学ぼうとした時に英語や数学がそれなりにできることと、それなりの読解力があることは、少なくともそれをやり直さないことには始められないという人より、かなりのアドバンスになる。

何度も述べてきたように、受験テクニックというのは、他の勉強にも援用しやすい。学校にいわれた通りに勉強して大学に入った人より、受験テクニックを学んで大学に入った人のほうが、他の資格試験でもテクニックを見いだそうとしやすいし、その手の新たな試験を受けることを億劫《おっくう》がらない。

このようなことを考えても、受験で高い学力（ペーパーテストの結果で測られる学力）を身につけた人は、意欲の点でも、学び方を知っている点でも、ベースになる基礎学力があてになるという点でも、これからの「学ぶ力」は高いものになりやすいはずだ。

確かに、東大受験に成功しても、大学の勉強ができなかったりすると、やる気がそがれることが多い。東大生でありながら「やはり東大に入るやつは自分とは違う」と卑下する人もいる。そういう人に「そうではなくて、高校時代のやり方が大学に入って通用しなくなっただけで、やり方を変えればできるようになるはずだ」というアドバイスは必要かもしれない。しかし、難関校の受験の成功者や、高いペーパーテスト学力を誇っていた人、そのせいで自分が頭がいいと思っている人（錯覚かもしれないが、それでやる気になるのなら大切にすべきだ）のほうが、そうでない人より、その手のアドバイスを受け入れやすいのも確かだろう。

テスト学力を高めることが「学ぶ力」に通じるということは、かつては勉強嫌いで、いい点さえとれればいいと思っていた私が歳をとるほどさまざまなことを学びたくなっているし、学べるはずだとうぬぼれていられるという個人的経験からも正しいように思えてならない。

総合的な学習の意義とは

さて、ここまで述べてきたように、教科学習というのは従来型の学習であり、これからは教科や科目をまたいだ総合的な学習が重要であるという観点は現在まで一貫している（ゆとり教育は撤廃されたが、総合的な学習の時間は撤廃されていない）。

今回の「答申」などを見る限り、教科学習は、社会のニーズとの断絶があり、学んだものに応用力がつかないというように受け止められているし、総合的な学習の時間の導入の際には、いろいろなメリットが議論されていた。

一方で、どういう場合にそれがうまくいったといえるのかが不明確という批判が強かったのも確かだ。

これについて、前述の寺脇研氏と対談した際に明確な解答を得たことがある。

それは、総合的な学習の時間を体験して、子供たちの勉強時間が増えれば成功だし、そうでなければ成功とはいえないというものだった。

確かにその通りなのだろう。勉強が社会にでてどのように応用できるのかを教えることで、つまらないと思っていた計算や社会科の勉強をやる気になるという発想である。ならば、結果的に勉強をするようにならなければ成功といえない。

体育が嫌いな子にソフトボールなどをさせてあげれば、体育が好きになるかもしれないし、ソフトボールがうまくなるためにランニングや鉄棒のような基礎体力の大切さを知り、それを高めようと思うかもしれない。

しかし、その逆だってあり得る。要するに余計にランニングや鉄棒を嫌がって、ソフトボールでないとやらないという子だってでてきかねないということだ。あるいは、やはりソフトボールの下手くそな子にはソフトボールでさえ嫌だという話になるかもしれない。

総合的な学習の時間で、たとえばパティシエの人が材料の仕入れや、食材の意味、原価計算の話などを上手にしてくれたことで、算数や理科や社会に興味をもってくれればいいが、その結果学校の教師の授業を余計に面白くないと感じる子もでてくるかもしれない。また、話し手が下手ならば、それすらつまらないということにもなりかねない。

今回の「答申」では、「合教科・科目型」「総合型」の意義づけが、総合的な学習の導入の時と大きく変わっている。こういうものを見ると、まず「総合型」の導入ありきで、目的は二の次のように見えるし、もっとうがった見方をすると、寺脇氏の思惑がはずれたので、勉強時間を増やす効果があると明記できないのかもしれない。

高校受験、大学受験の易化とその影響

「答申」であれ、「最終報告」であれ、名門とされる大学に入るための学力論と併記されるものに、「従来型の学力」の習得に困難をかかえている生徒に対する対応も明記されている。「答申」にも以下のような文面がある。

「『従来型の学力』の習得に困難を抱えている生徒が多い高等学校では、（略）入学者選抜が機能しなくなっている大学に漫然と送り出される場合も少なくなく、そうした大学においては、思考力・判断力・表現力等の能力どころか、その基礎となる知識・技能自体の質と量が、大学教育に求められる水準に比して不十分な段階にある学生が多いことが深刻な問題となっている」

入学者選抜が機能しないというのは、受験者数が少ないため、実質、受ければ合格できるという意味と考えていいだろう。一般的に、大学は定員の2～3倍の受験生を合格にする。特に偏差値ランクの低い学校の場合、それよりランクが高いとされる学校に合格した人はみんなそちらに入学してしまうための措置である。要するに競争率が2～3倍に満たない学校の場合は、受験するだけで合格してしまう。こういう学校は偏差値のつけようがないので、「Fランク校」

と総称されることになる。この手の学校は我々の想像以上に多いはずだ。実際、私立大学の約半分が定員割れといわれている。2倍3倍の競争率を集められない学校はもっと多いだろう。

この手の学力危機について、当初は、大学入学資格試験のようなものをつくるという声が上がっていたこともあった。今回、「高等学校基礎学力テスト（仮称）」というテストが新設されることになったが、その名残といっていいと私は考えている。

結局、このテストが大学入学の資格試験になることも、あるいは高校卒業程度認定試験（昔の大学入学資格検定）に代わることもなかった。むしろ、従来型の学力を求めるのをあきらめたかとも受け取れる総括までなされている。

「こうした現状から課題として浮かび上がってくることは、高等学校においては、小・中学校に比べ知識伝達型の授業に留《とど》まる傾向があり、学力の三要素を踏まえた指導が浸透していないことである」（「答申」4ページ）

要するに子供の数が減り、受験がいくら簡単になっても、これまで論じられてきた学力の3要素をしっかり指導していれば、大学生の悲惨な学力低下も起こらないし、一流大学に入るような学生でも、「一定の知的な能力を持っていたとしても、主体性を持って他者を説得し、多様な人々と協働して新しいことをゼロから立ち上げることのできる、社会の現場を先導するイノベーションの力を、大学において身に付けることは難しい」（「答申」4ページ）というのだ。学力の3要素を身につけるための基礎が、知識・技能だといっておきながら、それすら身についていない低学力の子供に学力の3要素を指導すれば救えるというのは、まさに論理矛盾といえるものである。ただ、入学者選抜が機能しないと、基礎的な知識・技能が身につかない現状を危惧しているのは確かなようだ。

現実問題として、日本の子供たちの多くにとって、受験をクリアすることが勉強の動機づけになってきたことは確かだろう。

私自身、ゆとり教育も問題だが、特に低学力層にいる子供の深刻な学力低下の原因は、高校受験、大学受験の易化にあると考えている。1971年から74年生まれの第二次ベビーブームの際には1学年200万人以上の生徒がいた。彼らが高校受験をする86年から89年くらいにかけて、中学生に浪人をさせるのは可哀想という発想のもと、高校がどんどん増設された。

ところが、その後の出生数の減少から、高校に入学する子供が減ることがわかっていたから、私立の学校はそれほど増えなかった。つまり公立高校が主に新設されたのだ（職業高校は生徒を将来的に集められないと考えられたため、結局増えたのは、公立高校の普通科や総合科だった）。

第二次ベビーブームが終わった後、中学卒業生は、1学年当たりの生徒が約198万人から

5年間で約36万人、10年間で約52万人減り、今や120万人を切る（110万人くらいで推移している）ことが常態化している。中学校でビリに近い成績でも、新設校であれば公立高校に入れるのが当たり前ということになるのだ。

高校の場合は、子供の数が減ることに対応して、公立高校は定員を減らしているが、大学の場合は、この間にもどんどん定員が増えている。

このような理由で、名前を選ばなければ、公立高校であれ、大学であれ、ほとんど勉強をしなくても入れるようになっている。

もう一つの問題は、高校は義務教育でないはずなのに、落第のシステムが機能しなくなっていることだ。早慶レベルの学校でも、数学を入試に課さないと2割の学生が分数の計算ができないということが問題にされたのは、1999年の話である。大学生で分数の計算ができないというのは、高校は分数の計算ができなくても、卒業できたということである。実際、このことを明らかにした調査では、解の公式を使った二次方程式に関しては、数学で受験していない早慶レベルの学生の7割ができなかったという。

実は、テストで赤点をとっても進級できるからくりがある。これまで問題にしてきた観点別評価では、テストが0点でも授業中に手をあげるなど意欲や態度などがしっかりしていると教師が採点すれば（場合によっては出席点だけで）合格点に達してしまうからだ。

そこで大学入学資格試験のようなものをつくれば、前のように（もしくは前ほどではないにせよ）大学に行きたい子供が勉強するはずだという話になったのだが、おそらくは、それでは大学の倒産が相次ぐことになりかねないし、高校のほうも底辺校の経営にも関わるので、いつの間にかこの話はたち消えになった。そして今度は、ペーパーテスト学力は従来型の学力だから、学力の3要素をしっかり身につけさせれば、それでいいという話になったということだ。

私自身は、受験を勉強の動機づけにすることは、それほど大きな問題ではないと思っているが、このような甘い状態が長く続いていると、たとえば大学入学資格試験のようなものを導入した場合は、大学入学を放棄する子供もでてくることを考えないといけない。

格差が大きくなったといっても日本ではまだ負け組でもどうにか食べていける時代ではあるから、以前よりは受験以外の勉強の動機づけの必要性が高まっているのは確かなことなのだろう。

学習動機をどうつけるか

実際、今のような子供の学力低下が起こる前から、学習の動機づけというのは、教育心理学者のメインテーマであったといっていい。

ダーウィンの進化論が当たり前にオーソライズされて以来、人間も動物の一種であるという考えが科学的なものとされた。

そこで台頭してきたのが、心理学者ワトソンやスキナーなどの行動主義といわれる考え方だ。要するに、適応行動には賞を、不適応行動には罰を与えていけば、目標設定さえ可能なものであれば（たとえば1日5分しか勉強しない子に3時間という無理な目標でなく、10分程度とするなら）、人間をその方向に向かわせることができるということである。ワトソンは、「私に12人の子供を与えてくれれば、先生にも、弁護士にも、泥棒にも育てることができる」と豪語したとされるが、それは極端としても、飴《あめ》と鞭《むち》という動機づけは王道のような扱いを受け続けた。

これに対して50年代にハーロウという心理学者は、サルがパズルをやることを発見する。好奇心があれば知的作業に従事するということだ。ところが、パズルができたサルにご褒美にレーズンなどを与えると、それを与えないとパズルをやらなくなることも実験で確認された。要するに好奇心で勉強をしている場合、下手に賞罰をつけると、勉強が労働と化してしまうということである。その弟子にあたるエドワード・デシは、パズルを面白がっている大学生に、報奨を与えると休み時間にやらなくなることを示し、人間にもあてはまることを検証した。

この影響力は大きく、60年代からのアメリカの教育改革は、賞罰で勉強をさせるより、内なるやる気を引きだすほうが大切だという方向に向かった。

宿題やテストはなるべく避けられ、カフェテリア方式という形で、自分のやりたい科目で単位が揃《そろ》えば進級や卒業ができるなどということになった（州によって違うが）。

ところが結果は惨憺《さんたん》たるものだった。各地で学力低下や少年犯罪の激増が問題になった。レーガンが大統領に就任した際に、これをたて直すことが重大政策となった。そして全米学力調査（この報告書が『危機に立つ国家』というタイトルで発表され、３５００万部も売れた）が行われたのだが、ＳＡＴの得点は、１９６３年から１９８０年にかけて、実質低下しっぱなしということがわかり、17歳の子供のなんと13％がまともに読み書きができないことも明らかになった。

この後、アメリカでは、日本をモデルにしたような詰め込み教育が復活するが、その時の教育心理学者たちの言い分はおおむね以下のようなものだった。

「確かにもともと意欲の高い子供には飴と鞭が意欲をそぐだろうが、低い子供は飴と鞭がないと勉強しない」

要するに、彼らの見積もりより、もともと意欲の高い子供は少なく、飴と鞭が必要な子供が多かったために全体的な学力低下が起こったということなのだろう。

実は、これは示唆に富む発見ともいえる。

すべての子供に当てはまる動機づけなどはなく、人によっては飴と鞭がいいし、人によっては飴と鞭なしに意欲を引きだすといいということなのだから。

私が心理学ビジネスのシンクタンクを主宰していた頃、気鋭の心理学者やアメリカのビジネススクールでMBAをとってきた人たちと、社員の動機づけ理論を提言したことがある。要するに人によって、動機づけが違うのであれば、やる気のださせ方をたくさん知っているほうが、多くの社員に対応できるということだ。

すべてを紹介することはできないが、一部を紹介しよう。

たとえば、子供にやればできそうな目標を与えるというものがある。60点をとっている子供に、「100点をとったら、ヨーロッパ旅行」といっても「無理、無理」という返事になるだけだろうが、「65点なら、『少年ジャンプ』」といってみると、「よし、やってみる」ということになるというわけだ。

あるいは、明確な手本を見せるということもある。手品師に手品を見せられて、まねをしたりチャレンジする子は少なくても、種明かしを教えてもらえば、やる気になるという考え方だ。

私が勉強法の本を書くのも、この考えに準じている。

その他、わかりやすい参考書や面白い教師にあたればやる気になる（勉強が面白ければやる気になる）という人もいるだろうし、周りが勉強していれば集団心理のようなものでやる気になる人もいるだろう。

このシンクタンクでは、26のやる気のださせ方を考案したが、さらに私の通信受験指導のスタッフからあれこれとアイディアをだしてもらって、75のやる気のださせ方を書いたのが、『和田式勉強のやる気をつくる本』という本だ。残念ながら、あまり売れていないようだが、私は親や教師というものは、なるべく多くのやる気のださせ方を知り、子供に合ったやる気を提供するのが重要な任務と思っている。そして、あるやり方でやる気をだせなくても、別のやり方を試す根気強さがやる気につながっていくと信じている。

かつての何でも飴と鞭とか、テストでの落第や合格だけといった目的で勉強させるというのは、一律すぎて、それに合わない子がいるのは事実だ。しかし、今回の「生きる力」や「学力の3要素」を全員に押しつけるということも、一律に人間を見ているという点では同根のものがある。

手間はかかるかもしれないが、やる気のださせ方は一人一人違うはずだという原点にたち返らないと、かつてのアメリカの教育改革の失敗と同じ轍《てつ》を踏むように思えてならない。

もう一つだけ付言しておくと、子供が多く受験競争が厳しかった時期は、少なくとも今と比べて、子供の勉強時間が長く、勉強をしない子供の割合も少なかった。

今の時代は豊かだからと思うかもしれないが、第二次ベビーブーム世代は、中学生・高校生くらいの時期がバブル期にあたり、下手をすると今より豊かだったし、勉強で落ちこぼれても今のような将来の就職に対する危機感もなかったはずだ。

私が受験競争肯定論者であるのは、受験の勝ち組だからと思われることが多いようだが、それは違う。資本主義国の軽自動車のほうが、共産主義国の高級車より、スペックがよく故障が少ないように、競争に参加する人が多いほど、能力の底上げ効果が高いと思うからだ。たとえば、昔は、底辺校と目された大学でも、学生が分数ができないとか、まともな読み書きができないとかいうことはなかったはずだ。それに比して、模試の成績などを見る限り、たとえば東大に入る学生の学力は、昔と今とでそんなに大きな差がないようだ。

新たな学習動機を求めることはもちろん大切なことだが、従来型の受験競争の復活や、大学入学資格試験の導入が、少なくとも今よりは、子供たちを勉強に向かわせることは確かといえるだろう。

世界のお手本となった日本の初等中等教育

今回の「答申」では、「高等学校教育及び大学教育においては、そうした義務教育までの成果を確実につなぎ」とか「高等学校や大学の段階に進むに従い、身に付けるべき力の在り方は小・中学校段階とは質的に変化していくもの」と高等学校の教育と大学の教育は、義務教育とは別のレベルのもののような書き方をしている。

ただ、「高等教育」と書かず、「高等学校教育」と表現するように、文部科学省も実は、高等学校の教育は高等教育と呼ぶことができないことはわかっているようだ。国際標準教育分類では、高等学校は原則的に後期中等教育に分類されるし、世界中のほとんどの先進国はこれに倣っている。日本でも、中高一貫の中等教育学校の存在を認めている。

文科省が、中学校までの教育と高校以降の教育という線引きをいくらしようといっても、世界の非常識といわれるのは仕方ない。高校までの教育が初等中等教育であって、大学以降が高等教育と線引きするのは、世界の常識だからだ。

さすがに「最終報告」では、恥ずかしいと思ったのか、表現が左記のように変わっている。

「高等学校は、中学校卒業後のほぼ全ての者が、社会で生きていくために必要となる力を共通して身に付けることのできる最後の教育機関であることから、（略）その後の高等教育機関での学修や社会での活動等へと接続させていくことが必要である」

ただ、いずれにせよ、プロローグでも問題にしたように、今回の大学入試改革、高校教育改革は、通常の国なら高等教育で身につけさせているようなことを、高等学校教育で身につけろ、大学入学までに身につけろといっていることには変わりない。

そこで、海外の教育を参考にしながら、私が考える、初等中等教育で身につけるべき学力を考えてみたい。

さて、深刻な学力低下に陥ったアメリカで、学力再建のメルクマールになったのは、文科省のいう「従来型の学力」である、ペーパーテスト学力であった。

前述の『危機に立つ国家』の発表後、各自治体（教育は地方自治に任されている）は、学力（ペーパーテスト学力）の底上げに躍起になった。その中でもっとも成功した州がテキサス州だった。

テキサス州は、学力テストの平均点が低い学校の補助金を打ち切り、代わりに子供にバウチャー（利用のための金券）を与えて、好きなフリースクールに行けるようにするなどの強硬政策をとった。それによって、全米最下位レベルの学力（ペーパーテスト学力）水準であったこの州の学力が、全米トップレベルに引き上げられたのだ。

これについては、クビのかかっている（学校の補助金がカットされれば廃校かリストラが待っている）教師が過度な試験対策をやるなど批判も多かった（私も留学中にテレビのドキュメンタリー番組で見たことがある）が、一般大衆は好意的に受け止めたようである。

この教育改革を断行したのが、当時州知事だったブッシュ・ジュニアであった。彼は数百人もの死刑を執行したことでテキサスの犯罪を減らした実績もあいまって、行政手腕を買われ、その後、大統領にまで上り詰めるのだ。

ここで注目してほしいのは、アメリカでも学力が上がった下がった、あるいは教育政策が成功した失敗したというのは、テスト学力によって判断されるということと、その調査のための全米対象の学力比較テストが用意されているということだ。さらにいうと、アメリカも原則すべての大学入試はＡＯ入試であるが、前述のＳＡＴという統一ペーパーテストの受験が必須である。

もう一つの例として、イギリスをあげたい。レーガンとサッチャーは、米英の保守化の象徴のようにいわれることが多いが、レーガンがアメリカの教育改革を着々と進めていく（とはいえ、実施は自治体に任せているのは前述の通りだ）中、サッチャーはイギリスの高学歴化を打ちだした。階層社会のイギリスを日本流の学歴社会にすることで活性化を試みたのだ。

この方向性は、労働党のブレアが政権を奪取した時に、さらに強固なものとなる。ブレアは就任した1997年に、我々の優先課題は「教育、教育、教育」と明言したほど、教育政策に力を入れた。

そして、これまでバラバラだった学校のカリキュラムについては、全国共通カリキュラムを導入し、さらに全国テストも実施するにいたった。

サッチャーにしてもブレアにしても、初等中等教育の改革を行うにあたってしばしば言及し、モデルとなったのは日本だった。

この改革に影響を与えたとされるリチャード・リンという教育学者が1988年に出版した著書で、政府の教育予算が少ないのに、日本が優秀な教育を行えた理由を5つあげている。

その中には、高校入学と大学入学という二つの重要な学習への動機づけや全国統一カリキュラムが含まれている。日本では否定されがちな、受験を動機にした勉強がむしろ評価の対象になり、イギリスは日本に倣って、テスト社会、統一カリキュラムでの初等中等教育を導入したことになる。

その他、東南アジア諸国の初等中等教育の手本は、ほとんど日本のものとされるし、かつて日本が支配した地域でも、教育制度やテストのシステムはおおむね日本型を踏襲している。

アメリカにしてもイギリスにしても、それが失敗だったと総括されることなく、日本に倣った初等中等教育の改革が続いている。また公文式はアメリカでは大人気の状況だ。

確かに、発表型の教育などは、アメリカでは、まだ重要視され続けているが、残すものは残しながら、日本のほうが優れていると思えば、それを積極的にとり入れるというスタンスだ。

世界に尊敬され、世界中の初等中等教育の手本になった日本の教育を、日本の教育学者や文部科学省はどうしても否定したいようだ。ゆとり教育が失敗しても、大学入試改革で、やはり日本型のペーパーテスト教育を否定しようとする。

世界が評価するペーパーテスト学力を高める教育を続けながら、アメリカ型の発表型教育を付け加えるのなら、まだ話がわかるが、それが「従来型教育」と切り捨てられているのだ。

初等中等教育で身につけるべき学力

公文式のブームも含めて、欧米やアジアの初等中等教育の基本的な方向性は、計算や読解のような基礎学力の重視である。

イギリスにいたっては、これからの時代、計算はみんな計算機がやることになるからと学校で計算機の使い方を教えて、計算の練習をほとんどやらなかった時期もあったそうだが、この頃は統一カリキュラムでなかったので、そういう学校がたくさんあったということだろう。ただ、結果的にその後悲惨な学力低下を招き、やはり計算は大切だということになったようだ。インドのように計算力重視の教育を行う国が、ソフト技術者や優秀な金融エリートを大量に生みだしているように、やはり計算力は馬鹿にならない。

今回の入試改革で、私が問題だと思っているのは、初等中等教育（高校進学率を鑑みても、ほとんどの人が受ける）と高等教育（大学進学率が上がったとはいえ、多くの国で半数程度のレベル）という外国の当たり前とされる分類を日本だけはあえてとらず、小学校・中学校教育と、それ以降の教育という形での分類がなされていることだ。

そのため、今回の入試改革では、よその国では、高等教育やエリートに求められるような内容を大学入試に必須のものとしている。

前にも書いたように、東大卒業者がハーバードのビジネス・スクールに入って落ちこぼれることがないように、大学入試までの段階で、トレーニングしていなくても、大学在学中にレポートを書かされ、ディベートのトレーニングを受ければ、外国のエリートに十分伍《ご》することはできるはずだ。しかし、まともな基礎学力が初等中等教育で身についていなければ、いくら大学進学率が上がったところで、労働力の質が高まらない。それに懲りて欧米、特にイギリスやアメリカは、日本を手本にして初等中等教育の改革を行ったのだ。結果的に、エリート層も数学力が高まり、金融では圧倒的な強さを発揮している。日本の高学校歴の人は、ビジネス・スクールをでていないのに、海外の金融ビジネスの会社で活躍する人も多い。

ペーパーテスト学力が低下した今こそ、それを従来型の学力として切り捨てず、むしろきちんと身につけさせるのが、初等中等教育の役割なはずだ。

また少なくとも、これまでは日本の学校歴の高い人たち、つまり難関校の受験を勝ち抜いてきた人たち（この点では、早慶レベルの文系の人の数学力には疑問視がつくが）には、少なくともペーパーテスト学力の高さは担保されていた。それを新たな負担を増やすことで、崩してしまっていいのだろうかというのが著者の率直な疑問である。

教え込みの教育にも否定的な人が多いが、やはり諸外国では、初等中等教育の時期は、むしろ過度に自主性に期待することで、社会にでて最低限必要な能力が得られないことのほうがまずいと考えられていることが多い。義務教育が教育を受ける義務ではなく、受けさせる義務であるというのは、そういう意味がある。子供の自主性や自発的な意欲に任せて、社会にでて最低限必要な読み書きや計算能力さえ身についていない高校生が2割も生まれたというアメリカの失敗はやはり参考にすべきだ。

アメリカでは、学生を一人前に扱い、学生に教師の評価をさせることで知られるが、これも高等教育以降の話である。かつての反省から、やはり高校までは教え込むしかないというのが（そうでない自治体もあるが）おおむねのコンセンサスである。

高校生を子供扱いせず、基礎学力を教え込むより、自ら学ぶ能力を身につけさせろというのは美しく聞こえるが、かなりリスクがあることは知っておいてほしい。

基礎学力の意味

私が少なくとも現行の受験学力をつけるための基礎学力の意義を痛感したのは、大学受験生のための通信受験指導を始めてからだ。

この通信受験指導では、毎月宿題の進捗度《しんちょくど》のチェックテストを行うのだが、数学のテストでは、宿題の問題と数値を変えた程度で、解法を覚えていれば確実に解ける問題をだしても、できない子が一定数いる。通信欄で手紙のやりとりのようなことをすると、そんなにたくさんの解法を覚えられないという苦情も多い。1日に5問程度なのにお手上げなのだ。

結果的に前述のように計算力の欠如が大きな要因であることがわかった。

今では、通信受験指導を始めるにあたって、小学生や中学生時代の穴がないかも調べるスタートレベル判定テストの成績に応じて、高校生でも、場合によっては浪人生でも、中学受験レベルの計算の宿題をだすようにしている。

そして、最近気になるのは国語の読解力である。

英語の入試問題の長文化が進む中、国語の読解力がないと、仮にうまく訳せても（国語力がないとそれも困難だが）文意がつかめない。

15年ほど前に物理の教科書のアドバイザーを頼まれた際に、高校の教師の先生に聞いた話だが、物理の問題がわからないというのは昔からのことだが、今は、問題の意味がわからない子が多くて困るとのことだった。

暗記数学にしても、計算力はあっても読解力がないと解法が理解できないから結果的に暗記できない。

日本の国語教育においては、心情読解が重視され、論理的な読解力が軽視されがちだが、中学受験などを経験していないと、現行の高校受験（前述のように名門校以外は全入化している）では十分な読解力がつかないようだ。

そこで我々も読解力の基礎をつけるリテラシー教育というものに力を入れ始めた。具体的にいうと、やはり中学受験用の国語の問題集をやらせたり、出口汪《ひろし》氏の論理的な文章読解用の教材である論理エンジンを活用したりしている。

10年ほど前から、私の通信教育の会社では、学校の進学実績を上げることへのサポート事業を行っている。福島県の磐城緑蔭《いわきりょくいん》中学校・高等学校という、いわき市で初めての中高一貫校には開校の時から関わっている。

残念ながら中学受験の文化のない地域は不利なことだらけだ。1学年90人定員なのに、20人を超えることがない。そのくらい生徒が集まらない。中学入試の際は、東京の中学受験塾で小学校5年生でやる程度の内容の試験を行うのだが、最高点が400点満点で例年300点程度だった。さすがに100点に満たなかった子は落とすようにしているが、逆にいうと最低点はそのレベルだ。東京なら偏差値が30台もつかないレベルということになる。

この地域に中学受験塾がなく、小学生の頃に勉強していないのだから当たり前のことだが、このままだと6年後の大学受験で圧倒的な不利になる。そこで前述の経験から、中1の1学期に中学受験用の計算と国語の問題集をみっちりやらせてみた。

結果的には大成功といえる。

まず、落ちこぼれがでない。2015年春の入試では、学年でビリから2番の子が国立大学に受かった。ビリの子でも、Fランクでない東京の名門女子大学に現役で合格した。

そして、毎年のように東大合格レベルの生徒がでる。2015年は東大合格を狙える子がでたが、女子だったこともあって浪人したくないからと、東大を受験せず東北大学に進学した。2016年は東大合格可能性B判定を続けていた子がいてかなり期待していたが、本番で失敗したようだった。ただ、別の子が福島県立医大に合格している。

2016年は16人しか卒業生がでなかったが、4人が慶應義塾大学に現役合格している。これは合格率ベースでは全国で8位（首都圏以外では1位）とのことだ。実際、地元でいちばんの名門校磐城高校（卒業生は300人以上）でもこの年の東大合格者は現役生が一人、慶應の現役合格者数はこの学校と同じ4人（現役合格率は約20分の1となる）なのだから、教育の成果と謳っていいだろう。

中学の初めに基礎学力を叩き込むことが6年後に有利に働くことをみても、これは比較的長く続く学力といえそうだ。入試改革で基礎学力が軽視されることが危険に思えてならない。

大学で身につけるべき学力とは

さて、世界中で評価の高い日本の初等中等教育と比較して、日本の大学の教育の評価はお世辞にも芳しいものといえない。

前述のように企業経営者が大学に長くいる人を評価しないだけでなく、アジア諸国の人たちも決して、日本の大学に高い評価をおいていないようで、優秀な学生は東大や京大よりやはりアメリカの大学、グラジュエイトスクールに行くというのが基本の路線のようだ。

英語を母国語にしないアジアの留学生の場合は、英語が身についたり、論文を書けるようになるというメリットがアメリカにあるからという理由も成りたつが、そうでない場合も日本の教育を積極的に受けたいと思う人が少ないのは事実だろう。

確かに日本の一流レベルの大学にいれば、論文を書く能力やディスカッションを行う能力などは多少は鍛えられる。前述のように名門グラジュエイトスクールに留学しても困らないというのも、ハードな受験勉強を切り抜けてきただけが理由ではないだろう。

日本と比べて、外国では、やはり大学をでている人は、ものの考え方やリテラシーのようなものが、初等中等教育しか受けていない人と違うということがあるようだ。

たとえば、池上彰氏のような物知りの人に、ある事項の解説を受けた際に、「そうだったのか」と素直に納得するのが初等中等教育レベルの人であり、「他にも考え方があるのではないか？」と疑えるのが高等教育を受けたレベルの人という気がする。

要するに高校までは、知識を詰め込む段階なので、知識を疑わずに覚えさせられる（ここまでは日本も同じだろう）が、大学に入ると、それでは高等教育を受けたといえないという風に教わるということだろう。中卒のタレントで物知りの人が日本だと素直に尊敬されるが（もちろん、物知りであるに越したことはない）、海外では、物知りになるのは本さえ読んでいれば学歴は関係ないという受け止め方をされてしまう。

アメリカで精神分析を勉強していて痛感したことだが、留学先の学者や学生たちはフロイトの原著より、新しい論文のほうに興味をもつ。知識欲は旺盛《おうせい》なのだが、古い説は単なる知識と割り切っているし、より応用が可能なものを求める。そして、あわよくば自分の新説を打ち立てたいと考えている。

ノーベル賞受賞者の話で触れたが、問題を解ける人より仮説を立てられる人、定説を覆すことができる人を育てたいというのが、海外のエリートレベルの教育の特色といえる。

たとえば、私が心理学の立場から、「日本では、むしろ直接税を増税して大幅に経費を認め、金を使うほど税金が安くなるようにしたほうが消費が喚起される」というような発言をすると、必ず「それは誰の学説ですか?」と聞かれる。そして、自分のオリジナルだというと「あ、そう」という感じで相手にされなくなる。

日本では、高等教育を受けた人でも、オリジナルの仮説を議論するより、どれだけの学説を知っているかのほうが重視されるのである。

これでは、かつて人類が経験したことのない超高齢社会や人口減少社会に日本人が今後対応できるとは思えない。世界に類がないほどバブル後の不況が長引き、労働者の賃金は増えるどころか下がり、また新産業も生まれてこないのはもっともな話だ。

大学での知識伝授型の教育や、上の人間に逆らいにくい人事のシステム（一度、教授になると定年まで辞めなくて済むため、長くやっている人がボス化しやすい）などを変えていかないと、こうした日本の局面を打破できる人間が生まれるとは思えない。

今回の「答申」も「最終報告」も大学の教育改革についてはわずかに触れられているが、人事システムなどには一言も言及はない。私の印象にすぎないかもしれないが、今の停滞の原因を大学入試制度に求め、大学教育には罪がないといわんばかりだ。

ゆとり教育制定の際にも、世界中で評価の高い初等中等教育を無理に変えようとしながらも大学の教育はろくに変えなかったように、世界中で馬鹿にされている大学の教授たちが委員で、小学校や中学校の教員が、ほとんど委員になれない（世界一の義務教育といわれるフィンランドでは、教員経験が3年以上ないと国会教育委員会のメンバーになれない）審議会のあり方も、この硬直したシステムを助長しているように思えてならない。

大学では、知識ももちろん大切だが、ものの考え方やものの見方をもっと教えるべきだというのが、私の現在のところの問題提起である。

ペーパーテストのほうがフレキシブルにニーズに応えられる

さて、今回の大学入試改革の趣旨は、これまでのペーパーテスト入試のシステムでは、これからの時代に必要な能力が育たないということである。

面接や小論文などを入試に課さないと、コミュニケーション能力や表現力、論理的な思考力が身につかないということなのだろう。あるいは、学校時代の調査書も重視しないと、学習意欲が育まれない、勉強は嫌いだが、テストだけはクリアできるというような人間を増やし続けるだけだという考え方である。

確かに、テストというのは、どんな形のものであれ、対策をしたほうが有利なものだ。

面接や小論文を入試に課すようにすれば、そのトレーニングを高校生が行うようになるだろう。意欲や態度で調査書の点数が決まるとなれば、受験秀才も授業にもっと積極的に参加するようになることだろう（私はこれに対しては必ずしもいいこととは思っていないが）。

ただし、受験生に与えられた時間は限られているから、こういう対策に時間を割くようになると「従来型の学力」は落ちることになるだろう。

前述のように、3科目の勉強に特化して早慶に入る学生たちの3科目の学力は東大合格者より高い（逆にいえば、他の科目の対策をしようとすれば、その3科目の学力が下がる）のと同じで、他の対策に時間がかかるほど、元の学力は落ちることが当然予想される。実際、共通一次試験の導入後、東大の二次試験の合格最低点は下がっている。

また、受験勉強は過去問対策が王道だと私は主張しているわけだが、世の中に必要とされる人材が変わっても、ペーパーテストの出題傾向を変えることである程度は対応できる。

これからは英会話力が必要だと思えば、リスニングを入試に導入するとか、ただ、歴史的な知識の詰め込みではまずいということであれば、歴史用語を使った400字論説のようなものを書かせる問題を出題すればいい。

答えが決まっている数学ができたって答えのない時代に対応できないという主張もあるが、私は東大受験当時の数学の難問対策で、一つ答えがでても他にも答えがあるかもしれない、一つの答えで安心してはいけないということも叩き込まれた。これが今になっても役立っている。

つまり、試験というのは、問題を工夫することで、対策をする人間の能力を高めることができる種類のもののはずだ。コミュニケーション能力にしても、面接という形態でないと測れないものではないだろう。ペーパーテストでさまざまな種類の受け答えの問題をだすほうが、面接官の思いつきでその能力を測るよりも私には精度がいいように思えてならない。

医師国家試験にしても、昔は重箱の隅をつつくような知識問題が多かった。今も大学教授がつくった問題なので、まだまだ改善すべき点が多いように見受けられるが、それでも前と比べたら実際の臨床に使えるような問題がかなり増えてきたし、ケースを考えるような問題も増えてきた。これは非常に望ましいことといっていい。

経済学の世界では、どんどん数学の必要性が増しているため、早慶の教授会などで、大学当局に入試の数学の必修化を求めているのに、受験者数を減らしたくないという思惑から、なかなか数学を必修化せず、カリキュラムを組むうえでも支障がでているとの話を聞いたことがある。あるいは、早稲田大学の場合、採点のしやすさから、相変わらずほとんどの問題をマークシート式にしているのだが、このために暗記の量やパターン化した解答能力のようなもので合否が決まりやすく、昔ほど面白い学生が入りにくくなっているという話を聞いたことがある。最近、早慶両方に合格した学生の大多数が慶應に進学するなど、早稲田の凋落《ちょうらく》が問題にされることがあるが、この影響は否定できないだろう。

こういうことの背景には、たとえば前述の面接や小論文対策は、大学のカリキュラムに組み入れたら大学に入ってからでもできるが、数学力や、読解力の醸成のようなものは、かなりの時間が必要なので、高校までに身につけてもらったほうが、はるかに大学の教育内容が充実したものになるということを示唆しているともいえる。

いずれにせよ、事程左様に、入試システムというのは、その後の勉強の能力に影響を与える。いったん変えてしまうと、元に戻すのが難しい制度改革はそういう意味で危険もはらんでいるし、失敗とわかっても制度改革の変更は困難だ。今回の「改革」は前述したようにすべての大学がやらないと経営が成り立たないように仕向けているのだからリスクヘッジがないのである。

それよりは、入試問題の工夫を重ねるほうが、よほどフレキシブルに時代のニーズに合わせることができると私は信じている。

次章では、入試改革で損なわれる可能性のある現行の受験勉強で身につく能力について検討していきたい。

第4章　受験勉強でどんな能力が身につくのか

コンテンツ学力とノウハウ学力

これまで、受験勉強を肯定的に論じてきたのは、受験勉強でこそ身につく学力、生きる力があると私は信じているからだ。

受験勉強で学んだことはほとんど社会にでて役立たない、というのは言い古されてきた言辞である。

確かに国語の読解力や英語の読み書き能力はともかくとして、受験勉強で身につけた内容が即、社会で使えるということはそれほどない。社会科で必死に覚えた歴史の年号などにしても、クイズ番組にでもでない限り役にたつということはまずないだろう。

このように受験勉強で覚えた内容や、身につけた数学などの解答能力を私は「コンテンツ学力」と呼んでいる。

前述のように普通教育の趣旨は、社会にでて役にたたないことでも一通り学ぶことで、徒弟教育を受けた人間より、職業選択の自由が広がるとか、汎用性のある能力が身につくということだ。だとしたら、それによって習った科目の内容だけでなく、何らかのノウハウや能力が身につくからだろう。

私は、受験勉強で身につけるべきは、そして社会にでて本当に役にたつのは、記憶力や知識を応用する能力、自己分析能力、計画作成能力、自己動機づけ能力などのようなノウハウだと考えている。これを「ノウハウ学力」と私は呼んでいる。

たとえば、暗記数学では、「本物の数学力」がつかないという批判をよく受ける。しかし、「本物の数学力」なるものが必要がどうかも疑問である。それが身についたところで、数学の教師になるか、子供に勉強を教える時にしか役にたたないだろう。

それでも、数学を勉強することで、数学的発想は身につくかもしれない。確率でものを考えるとか、関数のような形で、二つの変数の関係をとらえようという考え方がそうだ。だから数学が社会で役立つという主張は少なくないし、私もそれを否定するつもりはない。

ただ、私の考えとしては、数学を勉強することで身につけるべきは、既存の知識（自分で解いたり、暗記したりして身につけた数学の解法パターン）を加工して新たな問題を解決するという能力だと考えている。つまり知識を加工したり、応用する能力が身につくということだ。

歴史を勉強するにしても、覚えた年号そのものは社会にでて役にたたないかもしれないが、それで身につけた記憶力は当然社会にでて役立つ。

要するに、勉強について常にコンテンツが役にたつかどうかという物差しで考えるのは非常に矮小《わいしょう》なものだというのが私の提起である。つまり、受験勉強はコンテンツ学力を学ぶものだが、その結果としてノウハウ学力を得るものなのだ。

だとしたら、いろいろな意味で通常の受験勉強は役立つものだと私は信じている。そして、どのようなノウハウ学力を身につけるべきかを受験勉強を行う際に、あるいは子供に受験勉強をさせる際に意識させれば、それを獲得できる可能性は高まることだろう。

以下、私が考える受験勉強で身につけるべきノウハウ学力と、その方法について考えてみたい。

記憶力を高め、知識を身につける

さて、認知心理学の世界では、頭のよさは基本的に問題解決能力の高さだと考えられている。この問題解決とは、知識を用いて推論してなされるとされている。つまり、既知の知識の加工や組みあわせで、問題を解決するわけだ。これは私の暗記数学の考え方そのものである。

だとすると、解法パターンをたくさん知っているほうが、いろいろな数学の問題が解きやすいように、知識は豊富であるほうが、社会にでてからもさまざまな問題が解ける。たとえば、ある商品の売り上げを増やせといわれた際も、そのためにどれだけの知識をもっているかで提案できるものが違ってくる。知識が乏しければ、値下げや新聞、テレビの広告などありきたりなことしか思いつかないだろうが、アメリカの事情に多少詳しければ、クーポンをつけて、それがついた広告をもっていくと安くなるという手法を提案できるだろうし、自動車のディーラーであれば、ショールームでイベントを行うことなども考えつくかもしれない。

実際、世界的に見ても、知識の重要性が強調されている。

ここで改めて、知識という言葉を定義したいが、認知心理学の世界では、知識とは「長期記憶」に蓄積されるものと見ている（『心理学辞典』有斐閣）。私もこの定義に賛成である。

これに対して情報とは原則的に頭の外にあるものである。

技術の進歩は、情報を多様なものにしたし、情報へのアプローチを容易にした。

ＣＡＴＶや衛星放送、さまざまな雑誌の創刊などで情報が多様なものになり、世界中の情報が手に入るようになった時代は情報化社会と呼ばれた。

そして、パソコン、特にインターネットの普及で、図書館に行かずとも世界中の情報へのアクセスがよくなった時代は高度情報化社会とかＩＴ（情報技術）社会といわれた。

さらにパソコンの小型化、あるいは携帯電話とパソコンが融合したようなスマートフォンの普及で、そのような世界中とつながる情報手段となる端末の持ち歩きも可能になった。

これにより、人間は記憶しなくても、そして記憶型の勉強などしなくても（考える勉強は必要とされているが）、パソコンやスマホの携帯で、情報はいくらでもとれるという楽観が生まれた。

しかし、いざ、いつでもどこでも情報がとれるようになると、かえってできる者とできない者の差がつくことがわかってきた。

一時期、ＦＸという金融商品が流行《はや》った（今もそこそこ人気があるようだが）時に、聞いたことのないような会社が取扱高世界一とか、逆に主婦が大損した話などをよく聞いた。それを心理学的に解説する本を書きたいとしよう。そこでネットを使えば簡単と思って、インターネットの検索エンジンでＦＸという言葉を入力するとなんと4億件以上のヒットがある。そんなものをいちいち読んでいたら、それだけで一生かかってしまうだろうし、順位はついているものの、どれがいい情報で、どれが悪い情報かもわからない。

ところが頭の中にＦＸなり、これまでの外国為替にまつわる知識がある人であれば、情報の選別もスムーズだろうし、インターネットを使いながら、日々、自分の知識を更新できる。

受験の世界でも同じことがいえる。慶應義塾大学文学部の英語では、辞書が二冊まで持ち込みが可能である。だからといって単語をろくに覚えていなければ、辞書を何度も引かなければいけなくなって、時間がいくらあっても足りない。試験にはもちろん制限時間があるので、それでは散々な点をとることだろう。しかし、単語を十分記憶している人間にとっては、もし知らない単語が二つか三つであれば、辞書が持ち込み可になることで、90点のところが満点になるかもしれない。

このように、情報へのアクセスがよくなると、できる人とできない人の差が余計についてしまうのだ。

そこで、高度情報社会への過度な期待への反省から生まれた言葉が、知識社会という言葉なのだと私は理解している。

この知識社会という言葉は、たとえば1999年のドイツのケルンで行われたG8（主要国首脳会議）、いわゆるケルンサミットにおいても「ケルン憲章―生涯学習の目的と希望―（仮説）」の中に盛り込まれた。すなわち、教育と生涯学習は、伝統的な工業化社会から顕在化しつつある知識社会への変容の中での柔軟性と変化に適応するために必要な「流動性へのパスポート」をすべての人々に付与するものと宣言されたのである。

もともとピーター・ドラッカー（国際的経営学者）が盛んに用いた言葉なのだが、その後も、この言葉は各国の教育政策を論じる際には盛んに用いられ、国際的にも知識の重要性が強調されている。

要するに情報にアクセスできるだけでなく、頭の中に知識として溜《た》め込んでおけないといけない、つまり記憶力を鍛える必要があることが国際的にも確認されているのである。

受験勉強で記憶力を身につける

受験勉強が記憶偏重であるという批判はあるにせよ、受験勉強が記憶力のトレーニングになることに異論を挟む人は少ないだろう。そして前述のように記憶力を高めておくことは知識社会を生き延びるためにも、認知心理学のいうところの問題解決能力を高めるためにも、重要なノウハウ学力であるといえる。

私自身は、丸暗記が苦手だったので、理解を伴う記憶を心がけたし、記憶に関してはずいぶん工夫もしたが、受験を通じて身につけた記憶のテクニックは、後々、さまざまな記憶の心理学の理論から見ても理にかなったものだとわかった。そこで、現時点で、私が提唱する科学的記憶力増強法をここでは提示したい。

基本的には一言に記憶といっても、心理学では三つの段階に分かれると考えられている。

入力段階である記銘（最近は符号化とも呼ばれる）、貯蔵段階である保持（これは最近はそのまま貯蔵といわれる）、そして出力段階である想起（これは最近は検索といわれる）である。

この3段階にわけて、それぞれをどのように高めていけばいいかを考えると記憶力がよくなる方法が見えてくる。

まず、情報を脳の海馬といわれる部分にインプットするのが入力段階である。

これについては、よくするための条件が昔から二ついわれている。

一つは理解、もう一つは注意である。

歌を覚えるときに英語の歌詞でも理解できれば覚えやすいように、人間というのは理解ができるもののほうがよく覚える。見栄をはって難しい参考書をやったり、わからないことを人に聞けない受験生は、だから伸びないのである。

二つ目の注意は、実はさらに二つに分けられる。一つは集中、もう一つは関心である。

記憶力をよくしたり、勉強をはかどらせるために集中力をつけたいという人は少なくない。

しかし、人為的に集中力をつけるのは意外に難しい。

心理学の世界では初頭効果と終末効果ということがいわれてきた。勉強のやり始めと、終わりがけに集中力が増すのだ。

経験的にも春に志望校を決めて受験勉強をさあやるぞという気になった時に集中力が増す。

またテスト間際には集中力が増す。だから頻繁にテストを行えば、テスト対策の始めとテスト間際に集中力が増すので、だれている時間が短くなる。逆にいうと、テストとテストの間隔があきすぎると集中力のテンションが低い時期が長くなる。ただ、間隔が狭ければいいのかというと、たとえば毎日テストをやっていると慣れっこになってしまって、テストが集中力を上げる道具に使えないという問題も生じる。

脳科学の世界では、意外に集中力を上げるものとして注目されているのが音読と計算だ。東北大学の川島隆太教授の健常小学生に対する実験では、勉強をやる前にたった2分間、音読や計算をやらせておくと、その後の迷路問題や単語記憶の能力が10%から20%上がるという報告がある。陰山《かげやま》英男先生の百ます計算にしても、計算力ばかりが注目されたが、授業の最初にこれをやることで、生徒の集中力が飛躍的に上がるということのほうに教育効果があったという。集中力を高めたければ、脳にもウォーミングアップが必要ということなのだろう。

それ以外の集中力を上げるテクニックはいろいろな本で紹介されているが、なかなか確実な再現性や教育効果を得られているものが少なく、私はあまり信用していない。もちろん個人差があるだろうから、一度は試してみる価値はあるだろうが。

そう簡単に人為的に集中力を上げるのが困難なのであれば、それを落とすのを防ぐほうが合理的だといえる。実際、集中力が落ちなければ、人間の記憶力はそう捨てたものではない。

人間の集中力が落ちるのは、精神科医の観察では、精神的に不健全な状態にいる時である。代表的なものは、うつ状態や不安、睡眠不足、そして薬物の影響である。

たとえばうつ病になると、いろいろなことに注意が向かなくなるせいか、かなり記憶力が落ちる。もともと記憶力の衰えている高齢者の場合は、認知症と間違えられることさえある。不安で気もそぞろな時は、やはり注意のテンションが落ちる。

私が禁欲的な受験生活を勧めない理由はここにある。見たいテレビ番組や野球が気になっていれば、集中力は落ちてしまう。そういう際は、食事の時間をそれに合わせるなどの工夫をしながら、見たい番組だけは見るようにして、その後に集中して勉強したほうがよほど頭に残る。好きな人がいるなら、思い切って告白して白黒はっきりつける。振られたらあきらめて、大学に受かってから素敵な人を探せばいいし、むこうが受け入れてくれたら週に1回だけとかに決めて思い切りデートを楽しめばいい。うじうじとその人のことを想像しているようでは集中力など期待できない。

薬物の影響というのは、睡眠剤や精神安定剤の飲みすぎとかのことをいうのだが、一般的にはアルコールのほうが問題かもしれない。最近は高校生くらいでもコンパなどをやって飲酒することも珍しくないそうだが、もちろん違法だし、受験生にはご法度である。

それ以上に私が重視したいのは睡眠不足である。受験生の場合、よかれと思って寝る時間を削って勉強する人間は少なくない。

だが、注意や集中力のテンションを落とすのはなんといっても睡眠不足である。

実際、前述の陰山先生が尾道の小学校の校長に赴任した際に、もっとも即効性のあった学力向上の道具は、生徒に十分な睡眠をとらせるように指導したことだという。

最近の脳科学の研究では睡眠時間が5時間をきると如実に記憶力が落ちるという。また、海馬に入力された情報を、側頭葉に転写して長期型の記憶にするのは睡眠時間中だということもわかってきた。つまり、睡眠不足は記憶の入力の邪魔になるし、睡眠時間は、記憶の貯蔵のためにも大切な時間なのである。

さて、注意のテンションにもう一つ大きな影響を及ぼすのは関心である。

好きなことは覚えられるが、興味がないことは覚えにくいのは誰もが経験しているだろう。

私の場合は、ワインの名前やビンテージ（葡萄《ぶどう》の収穫年）は、これほど丸暗記が下手なのに結構覚えられるが、ファンである広島カープ以外のスポーツ選手の名前は、日本人のものであってもなかなか覚えられない。

面白いと思って勉強することは、そういう意味で大切なことだ。受験勉強などつまらないと思っていれば、それだけ記憶力が落ちてしまう。つまらなくても楽しめるようになってほしい。

もう一つの入力の工夫は、情報の取捨選択である。

人間の記憶のキャパシティなどというものは決して無限ではない。何でもかんでも覚えようとするから、かえって覚えられなくなることが多くなる。

大切なのは情報に触れることでなく、頭に残す知識を増やすことだと考えると、むしろ入力情報を絞り込んだほうが頭に残るということは少なくない。過去問中心に、自分の志望校の出題傾向に絞って覚えようとすることは、情報を取捨選択しながら、知識を増やすためにはよいトレーニングであると私は考えている。

さて、記憶は、入力だけの問題ではない。いったん入力された情報を少なくとも受験の日まで覚えておく段階が貯蔵段階である。

この貯蔵段階をよくするテクニックは、昔から確実なものが一つある。

それは復習である。

勉強において予習と復習のどちらが大切かということはよく議論される。知的好奇心を高めたり、新しいことを学習するために予習が大切だという声もよく聞く。確かに復習はつまらないし、知的関心もそれほど高めないだろう。

脳科学の仮説では、海馬が重要なものと判断した場合には、それを側頭葉に転写して長期型の記憶にするが、必要ない場合はその情報は捨て去られてしまうとされる。では、どのように重要かそうでないかを判断するかだが、これは単純なもののようだ。要するに同じ情報がまたくると大切なものと判断するし、ある一定期間、同じ情報がこなければ必要のないものと判断される。その一定期間というのが約1か月とされる。つまり、1か月以内に復習をしないと、少なくとも単純記憶については、海馬が自動的に不要な情報として捨て去ってしまうのだ。

受験生というのは焦りから、新しいものに手をつけることばかりに血道を上げる。まだやっていないところが残っているのが不安なのだろう。しかし、これまでやったことをきちんと復習しないと、やったはずの参考書、問題集にもう一度、目を通してもろくに覚えていない、できるようになっていないことに愕然《がくぜん》とするはずだ。

和田式暗記数学にしても、自分で解くほうが頭に残りやすいことは承知している。だから、解かないで暗記する代わりにしっかり復習をするように指導している。逆にいうと、自分で解いたとしても、次にやった時に解けなければ何のためにその問題をやったのかがわからないといえる。受験勉強というのは頭の体操ではない。

和田式受験勉強法では、翌朝の復習、1週間後の復習、1か月後の復習を習慣化することを強調している。記憶を残してこそ受験の勝者になれるのだ。

ただし、予習に何の効果もないとはいっていない。英語などは、授業の予習をしていかないと自分の英語の訳や文法の理解が正しいものかどうかの判断ができないだろう。また予習をやっていったほうが授業の理解が進み、入力が容易になるのも事実だ。

ただ、最近の予備校などはわかりやすい予習不要の講義も多い。少なくとも復習の時間を犠牲にしてまでの予習は、受験生としての時間の使い方としては賢明でないといえるだろう。

さて、記憶の仕上げは出力段階である。

日常生活でも、覚えているはずの人の名前などが喉元《のどもと》まででかかっているのにでてこないという経験がある人は少なくないだろう。しかし、肝心の試験ではそういう言い訳は許されない。直前まで覚えていても、試験の時に出力できなければ点はもらえない。

この出力をよくする方法は意外に確立されていない。

結局のところ、出力のリハーサルしかない、というのが私の結論である。

前述のように出力すべき形で、出力の練習をするのである。だからこそ、歴史のような暗記物とされている科目でも、問題集や過去問をやる意義がある。出題される形で、試験にでる形で、自らの記憶を出力するトレーニングをしておけば、それだけ本番で上手に出力できるはずだ。だから過去問演習が大切だと私は主張するのだ。

私は大人になってからの勉強について、日本人は、この出力トレーニングが足りないことが問題と考えている。書斎の人や読書家といわれる人は多くても、それを有効に出力している人は少ない。ホームページやブログなど発信のチャンスは増えているのだから、それをしないのはもったいないことだ。

そういう意味では、受験勉強は小論文作成も含めて記憶の出力の優れたトレーニングといえるのだ。

ここまでは心理学の立場からの記憶増強法を主に書いてきたが、脳科学の研究では、記憶は寝ている間に脳に書き込まれるので、暗記物については、寝る直前にやるのがいいという。午前中に記憶するのと比べて24時間後の記憶量が倍近く違うという研究もある。

経験則からいうと、考える問題は頭の疲れていない午前中に行い、覚えものは寝る前の2時間くらいに集中してやるのが効率がよさそうだというのは付言しておきたい。

数学で推論能力を鍛える

受験勉強を通じて、記憶力をよくする方法を概括したが、今回の「答申」や「最終報告」では、このような記憶の詰め込みそのものが否定されている。

既知の知識を加工、組みあわせて、その場に適した解決法を見いだすというのが認知心理学における問題解決の基本である。そしてそのような既知の知識の応用プロセスを推論と呼んでいる。つまり、知識を用いて推論するのが認知心理学における思考モデルなのだ。

だとすると、詰め込み教育というのは知識を増やす教育なのだから、認知心理学の観点から見ても、頭のよさに結びつく教育といえる。むしろ、問題なのはせっかく詰め込んだ知識を使わない、つまり推論を行わない教育ということになる。

実際、入試問題というのは二タイプに大きく分けられる。

一つは知識そのものを問う問題である。

たとえば歴史の年号や英単語や古文単語の意味を問う問題などはその典型といえる。マークシート型の私立大学の入試など、この手の知識をそのまま問う問題が増えているのは確かだ。

一方、知識を応用して、答えをださせる問題もある。

東大の日本史や世界史などでは、いくつかのキーワードを用いて、その時代の経済の特徴をある字数で述べよなどという問題がでる。歴史のような暗記物の科目でも、知識を用いて推論を行うような入試問題はつくれるのである。

しかし、何といっても一般的に知識を用いて推論を行う科目の代表は数学だろう。暗記数学であれ、自分で問題を解くのであれ、数多くの数学の問題にあたり、その解法パターンを身につけることが受験数学の基本的なトレーニングである。しかし、そのままでは多くの問題が解けない。覚えて身につけた解法（認知心理学の立場から見ると知識であることには変わりはない）を用いて、あれこれと推論を行うことで新たな問題を解いていくのである。

つまり覚えたこと、身につけたことの加工や組み合わせなどをもっとも当たり前に行う科目（つまり推論のトレーニングをたえず行う科目）として数学には意味があるのだ。

最近、多くの文系の大学では、入試に数学を課さなくなっている。

経済学部なのに入試に数学を課さないことで、コンテンツ学力としての数学力のなさが問題になっているわけだが、単なる知識の詰め込み（受験国語や英語は多少考える問題もないわけではないが、マークシート式の社会科はこれにあたるだろう）だけで受験を切り抜けたために、推論能力のトレーニングが十分でない大学生、社会人が増えているように思えてならない。

このような能力の不足が、たとえば他の資格試験の合否にも影響するようだ。

というのは、旧司法試験に合格した人たちから、司法試験の構造こそ、和田式暗記数学そのものだといわれることが多かったからだ。

司法試験というと、膨大な量の法律と判例を覚える、まさに知識を問う試験と思われがちだが、それによって勝ち抜けられるのは、短答式といわれる一次試験のようなものまでで、論文式試験では、むしろこれまでの判例を組みあわせ、加工して解答をつくるという点では、解法パターンを覚えて、試行するという和田式の考え方と似ているというのだ。そして、私の暗記数学の支持者の司法試験合格者の人たちは、「数学を勉強していないから、私立の大学の連中は、なかなか合格しないし、短期間で合格しないのだ」ともいっていた。

私には、彼らの言葉には説得力があるように聞こえた。

やはり受験数学というのは、推論能力のよいトレーニングになるのだろう。

だから、文系学部でも、直接に数学が必要な経済学部だけでなく、なるべくいろいろな学部で、数学を入試に課してほしいのだ。少なくとも数学ができなくても大学生になれるという点では日本は例外的な国なのである。そういう意味では、文系学部でも入試に数学を課す国立大学文系学部の廃止の動きは残念なことだ。

模擬試験とメタ認知

さて、現代の認知心理学では、頭のよさを規定するものとして、メタ認知ということが強調されている。

確かに知識が豊富で推論の幅が広ければ、優れた問題解決能力を発揮できるはずだが、そうはいかないところが人間の人間たる所以《ゆえん》だろうし、またそこに心理学が介在するともいえる。というのは、コンピュータであれば、同じ情報がインプットされ、同じ演算ソフトがインストールされていれば、同じ問題に対しては常に同じ答えをだすはずだ。しかし、人間の場合、昨日と今日で知識状態や推論能力が同じであっても、まったく別の答えをだす可能性がある。たとえば今日、最愛の恋人に別れを告げられたとしよう。すると、前日と同じような課題（たとえば売り上げ増のためのプラン）を与えられても、元の答えと比べてはるかに悲観的な答えをだすかもしれない。それほど感情というものは、思考パターンに影響を与えるものなのだ。周りの意見が賛成の時と反対の時では、自分の意見も変わりがちになる。

このように人間の思考や判断、あるいは情報の収集パターンというものは、自己の立場や感情、周囲の意見その他によって、かなり変動するものなので、妥当な推論を行うためには、自分の思考パターン、つまり自分の認知状態を認知する必要がある。これを、認知心理学の世界ではメタ認知と呼んでいる。

現在の考え方では、このメタ認知はかなり幅広いものである。

まず自分の認知状態をどのくらい知っているかである。

たとえば、ある問題解決を行うにあたって、知識状態が足りているか、思考パターンは適切なものか、今感情に振り回されていないかなどを知っているかどうかである。

このような自己の認知状態にまつわる知識をメタ認知的知識と呼ぶ。

しかし、現在の考え方では、自分を知っているだけでは不十分だとされる。

たとえば、自分は感情に振り回されやすいとわかっている人でも、そういうことに陥っていないかを自己モニターできなければ、いい加減な答えをだしてしまうだろう。あるいは自分のことがわかっていても、「俺って気分屋だから」で済ましてしまう可能性がある。

気分屋だとわかっているなら、そうなっていないかのチェックが必要なのはいうまでもない。さらに、自己モニターの結果、自分は今振られたばかりだから、とんでもない悲観的な観測に基づいて結論をだしたと思えば、もう少し楽観的な見込みでの結論を考えてみようという自己コントロールも行えるだろう。

このようなメタ認知的な知識に基づく、自己モニター活動や、自己コントロール活動のことをメタ認知的活動という。現在の認知心理学では、このような自己修正機能であるメタ認知的活動のほうが重視される。

要するに自己を知り、それに基づいて自らをチェックして、自己修正ができる人間がメタ認知の働く人間と呼ばれ、こういう人こそ、認知心理学の考え方では賢い人と呼ばれるのだ。

もちろん、こういう人が受験で強いのはいうまでもない。志望校の過去問を分析し、自分の知識状態や能力パターンにあっているかを自己分析する。そこでどの部分が弱いか、どの部分が強いかをモニターしながら、苦手分野のうちどこはやればできそうだから伸ばしていこう、ここはやっても伸びそうにないからあきらめようという自己修正は、まさにメタ認知的活動そのものだ。自分がわかっているなら、極端な高望みもしないかわりに、妥当な範囲で狙えるべストの学校も選べるだろう。さらにいえば、大学に入ってからも、自分の能力特性が活かせるかどうかで進路を選べるかもしれない。

では、受験勉強はメタ認知のトレーニングになるのか？　それは意識のもち方次第といえる。たとえば模擬試験が返ってきた際に、多くの受験生は、順位や偏差値、合格可能性などを見て一喜一憂するに終わるかもしれない。しかし、模試の採点者はもう少しメタ認知的なアドバイスをくれている。どの分野が弱く、どの分野を伸ばすべきなどという具体的なコメントが書かれている。これを常に利用すれば、もう少しメタ認知的に自分をみられるだろうし、また他人の力を借りているとはいえ、メタ認知的な活動をしていることになる。

そして、模試のたびに、これはやればできそうなこと、伸びそうなことという課題をみつけることができて、それを実行に移すことができる人や、あるいは、模試でミスがあったなら、二度としないように、次の試験（もちろん入試も含めて）にその経験を活かすことができる人こそが、受験に強い人といえる。

受験を通じて、メタ認知的に自分をみて、メタ認知的な活動をする習慣をつけることができれば、合格に近づけるだけでなく、社会にでてからもそれだけ頭のいい人間に近づけるのだ。

スケジュール作成能力と勉強の実行能力

さて、認知心理学の考え方では、受験勉強は、知識を増やし、推論能力を高め、メタ認知のトレーニングにもなり得ることを理解してもらったことだろう。つまり、受験勉強を有効利用すれば、認知心理学の上では頭のいい人間になれるのだ。

このような学術的な話をしなくても、受験勉強では、社会にでて役立つ具体的な能力がいくつか身につくことも示したい。

たとえば、スケジュール作成能力である。

通常の中間テストや期末テストが、毎日の勉強か一夜漬けに頼りがちとするなら、長期的な視野にたって、計画をたてて勉強するとなると、何といっても受験勉強だろう。

もちろん、多くの受験生は計画倒れになるのだろうが、計画が予定通り進まないことを知るだけでも大きな人生勉強だ。もちろん、それによってより実現可能性の高い計画をたてられるようになれば、さらに大きな人生勉強となるのはいうまでもない。

私は受験勉強の計画は、時間でなく、量でたてろとアドバイスしている。

何時間勉強したかより、何ページ進んだかのほうがはるかに意味がある。

長い時間勉強して自己満足していても合格にはおぼつかないし、逆に長時間の勉強の割に成績が上がらないと自分は頭が悪いと思って、受験勉強から脱落する可能性が高くなる。また量で計画をたてていかないと、いつまでにどの科目がどこまで進むのかが読めないので、受験勉強そのものが計画的なものでなくなる。

量で計画をたてる際のアドバイスとして、まず、「必ず予定は狂うものだ」ということを理解させる。たとえばある数学の問題集を1週間に50ページ進めるという計画をたてるとする。この場合、1日に進めるのは、それを5で割った10ページにするように指導するのだ。予定通り終われば月曜日から金曜日まででそれが完成する。しかし、通常は予定通り行かないから何ページ（おそらくは何十ページ）か残ってしまうだろう。そこで、土曜日を借金返済日、つまり

1週間の予定のやり残しを終わらせる日にあてる。さらに勉強は頭に残さないといけないという発想でいけば、日曜日は1週間の復習の日にあてる。もちろん予定通り勉強が終われば、土曜日は遊んでいいし、日曜日も復習が済めば遊んでいいということになる。

受験の間際であれば、それでは遊びの時間が多くなるので、1週間の予定量を6で割って、土曜日は土曜日分のノルマプラス金曜日までの積み残しをやるという計画にする必要もでてくることだろう。それにしても計画が予定通り進めば、日曜日は休息や遊びの時間が残る。

これには二つの意味がある。

まず、1週間の予定が狂わないし、復習も習慣づけられるということ。予定というのはたてるときは綿密に、真剣にたてるものだが、狂いだすとそれで嫌になってしまうものだ。夏休みなど、綿密に計画をたてすぎてしまって、途中で挫折したために逆に残りの夏を棒にふってしまうことなどは意外に珍しくない話だ。だからこそ、やり残しを想定して、狂わないような計画をたてる意味があるのだ。

もう一つは、多少なりと遊べる時間を残しておくことだ。ほとんど全世界中で、1週間に一度は休みがあることでわかるように、人間というのは休みなく働くことはできない生き物だ（アメリカの奴隷でさえ週一度は休みを与えられたそうだ）。受験生であっても、週に半日くらいは何らかの息抜きができないと、勉強のテンションは保てないだろう。この計画では、最悪でも日曜日に復習が終われば休めるようにしてあるし、平日に確実に勉強が予定通りにできさえすれば、土曜日も遊べるようにしてある。これが平日の勉強の動機づけに使えれば、なお望ましい。

このような形で身につけた計画作成のノウハウは、社会にでて必ず役立つと私は信じている。もう一つ、受験勉強で身につく大切なものは、嫌なことでも、やらなければいけないことは「やる」能力だと私は考えている。

現代では、若者のニートと呼ばれる人たちが当たり前のものとなってきた。もちろん、社会学的、経済学的背景には無視できないものがあるので軽々に論じることはできない。しかし、前述のように受験圧力の低下などの要因で、95年当時には中学生2年生の28％が学校の外で全然勉強しない状態にあったことが、その5年から10年後くらいにニートが激増した一因になったと考えるのも極論とはいえないだろう。

要するにがまんして、つらい勉強を実行した経験があるかないかは、社会人になって仕事を続けることができるかにかなりの影響があると私は考えたい。もちろんブラック企業でがまんする必要はないが、転職先でも仕事が続けられるには、この経験は大切だろう。彼らの中には、厳しい受験を経てきた高学歴の人間も混ざっているという深刻な事実もあるのだが、やはり、無試験同然の学校や、初等中等学校卒の人、あるいは、その中退者のほうがニートと呼ばれるものになる確率が高いのは、厳然たる事実なのである。

受験計画をたてても実行できなければ意味がないことは受験を経験すれば容易にわかることである。

実は、私自身もそれを痛感した経験がある。

ときどき、子供が私の本を読んで以来成績が下がったとその親御さんから嘆きの声を頂く。よく事情を聞いてみると、友達には和田式勉強法を勧めて、数学は暗記でいいとか、英語はちゃんと長文を読めとかアドバイスしたおかげで、友達の成績が上がっているそうだ。ここで当たり前のことがわかる。結局、彼らは私の本は何冊、何十冊と読んでいるのだが、肝心の受験勉強をしていないのだ。

いくらよい勉強法であっても知っているだけでは意味がない。

受験勉強というのはやってみてなんぼのものなのだ。そしてそのような実行力や、あまり面白くないと思えるような勉強を一種の労働としてがまんしながら続けていく能力を身につけるということも、現状の若者にとっては受験勉強で得られる大きな意義なのかもしれない。

受験計画というと、やはり受験というものに締め切りがあるという意味も大きいと私は考えている。「答申」では、アメリカのＳＡＴに倣って、「希望者テスト」は複数回受けられて、その中で点数のいいものを提出できるような案がだされていたが、私は期限を決めて、それまでに自分の能力特性を分析しながら、いちばん点数が上がるように計画をつくっていき、それを遂行することに意味があると考えている。

かつての日本企業は、たとえばモデルチェンジをいつ行うと決めたら、それに合わせて、必ず合格点の新製品だすことができた。欧米の企業は予定通りいかないことが多かった。これは受験で培われた特性のように思えてならない。「学力」さえつけば、締め切りは関係ないという考え方より、締め切りを守らないと1年浪人する（可哀想かもしれないが、人生は長いのだから、この経験を活かす人は多い）という体験をするほうが、将来に役立つと信じたい。

ついでにいうと、毎日勉強をすることで学習が習慣化するとしめたものだ。

歯磨きを始めた小さな子供は当初はそれを嫌がっていても、習慣化すると、歯を磨いていないと口が気持ち悪くなる。これが習慣化というものだ。勉強のほうも、それが習慣化してくると、やっていないと頭が悪くなったようで気持ち悪くなることがある。もちろん、1、2か月遊び惚《ほう》けているだけで、その習慣はすぐになくなってしまうのだが、学習が苦痛でなくなるなら、これも将来につながる宝といえるだろう。

受験勉強でEQ能力を高める

さて、ここまで既存の受験勉強で身につくさまざまな力を考察してきたが、それでは身につかない「学力」があるという考えもある。

以前、アメリカでも「ハーバードのビジネススクールのような一流校を出たエリートなのに、社会にでて成功できない人間がいるのはなぜ?」ということが問題になり、研究の対象になったことがある。

このような一流校では、GRE（Graduate Record Examination）と呼ばれる全米大学院受験希望者向けの共通テスト（読解、定量的推論、分析的な論述能力の3分野は必須でその他に各教科のテストがある）における十分なテスト学力だけでなく、面接やレポートなどの審査を経て入学が許可される。その上、ビジネス・スクールに入ってからも、日本の大学院のように大学教授が理論的なことばかり教えるのでなく、ディスカッションやプレゼンテーション能力を鍛えるような教育もなされるし、心理学的なことやリーダーシップについても専門家から学ぶ。さらに企業経営者や政治家（現役もいるという）のような実社会の成功者から生の声を聞いて学ぶチャンスもあるという。ペーパーテストだけで入学者を決め、大学に入ってからは、研究が本業と考え、まともな講義をしない教授がごろごろいる東大で教育を受けるのとはわけが違うのである。

ここまでのレベルのセレクションを経て、さらにここまでのレベルの教育を受けても、成功者になれない人がいるとしたら、成功の十分条件というのは、かなり遠いレベルのように思われるかもしれない。これは、とりもなおさず、文科省が進める大学入試改革が成功し、かつ、東大などのエリート大学が大学教育改革に成功しても、一定数社会的な成功ができない人間を生むことを意味している。

ところが、東大をでてアメリカの名門グラジュエイトスクールに入ったような人が、社会で成功できないことはきわめてまれのようだ。だとすると、日本の受験を経た人は、アメリカの教育を受けてこれらの学校に入る人とは違う能力が身についていないのかもしれない。

アメリカの研究では、彼らに足りない能力はＥＱ（心の知能指数）と呼ばれるものだ。もともとはemotional intelligence（心の知性）といわれていたものが、『ＴＩＭＥ』誌でＩＱに対抗するものとしてＥＱという名で紹介されて以来、この呼び方が一般的になった。

ＥＱ概念を考案したエール大学のピーター・サロヴェイとニューハンプシャー大学のジョン・メイヤーによると、ＥＱの五大要素は以下の通りだ。

1　自分の感情を正確に知る
2　自分の感情をコントロールできる
3　自己を動機づけることができる
4　相手の感情を知る
5　社交能力

感情のコントロール能力については、むしろ日本の受験勉強というのは、いろいろな意味で自分にがまんを強いるものなので、これが受験勉強を通じて阻害されることは、あまり考えにくい。

また、自己動機づけについても、これがうまくできなければ、受験の勝者になるのは、難しい。最近のやる気のない子供たちを見ていると、受験勉強そのものがむしろ自分をやる気にするよいトレーニングのように思えてならない。そういう点では、むしろ受験圧力の低下が、自己を鼓舞しようとする体験を子供たちから奪っているのではないかという懸念さえ感じさせる。

すると、日本の受験勉強がEQにもっとも悪影響を与えるのは、他人の気持ちがわからなくなることや対人関係に対する悪影響ということになるだろう。

確かに受験というのは、競争的なものなので、他人を蹴落とさないと合格できない種類のものではある。そのため、学校であれ、塾であれ、「周りを敵と思え」というようなメッセージを伝えることは多かったように思う。

しかし、前述のように私は灘校時代に、周囲を敵に回すことは受験ではかえって損で、逆に周りの人間とうまくやるほうが結果がよいことも経験した。

その際に、全体で何番までという偏差値でなく、東大の合格ラインという絶対得点を目標点におくことで、周りの人間に対する考え方が変わるのを実感した。

自分が何番までに入らないと合格できないというのであれば、他人を蹴落とすという考え方もでてくるし、周囲の人間が落ちてくれれば自分の順位が上がることになる。それでは周りは敵ということになるし、周りの人間を助けようという気にもそうはなるまい。

ここで、自分の絶対点を上げていけば合格できるという発想に変えれば、周囲の協力も必要だということがわかってくる。自分の絶対点を上げれば、そして学校内の（もちろん全国レベルで考えれば、相対点が上がらないと合格はできない）順位が何位であっても合格できると思えれば、敵（と考えるからいけないのだが）に塩を送ったところで、自分の絶対点には関係ないので、友達に親切にできる。逆に人にこのような形で親切にしていれば、自分のほうも情報が入ってくるし、わからないところも教えてもらいやすい。つまり、ギブアンドテイクの発想を身につけることができるのだ。

要するに、受験競争によって、対人関係が悪くなるかどうかは、子供の側が受験勉強をどうとらえるか——仲良くしたほうが受かると考えるか、周囲はみんな敵と考えるか——にかかっているといえる。

だとすると、二つの留意点がある。

一つは狭い範囲の相対点で合否を決めるべきでないということだ。たとえば、慶應義塾大学の付属高校などでは、通常クラスで1番の人間が医学部に推薦されるという。よその組の1番の人より成績がよくても、自分のクラスで2番であれば推薦されないという（多少は改善されたのかもしれないが、おおむねそういうシステムだそうだ）。だとすると、1番の子供を蹴落とすことが非常に重要な意味をもつし、足の引っ張りあいが起きても仕方がない。

あるいは、内申書重視の県立高校受験などの場合も、クラスで5番以内でないと、そこを受験させてもらえないなどというケースがままあるらしい。するとトップクラスの連中がどうしても足の引っ張りあいをしてしまう。そういう点では、昔のような一発勝負のペーパーテストのほうがよほど生徒同士の足の引っ張りあいを抑止できるのだ。

もう一つ、私が必要だと感じているのは、大人（教師や親、あるいは塾や予備校の講師）の側のメッセージである。つまり、「周囲はみんな敵」と教えるから、子供の側もそのような気になってしまう。助けあったほうが、自分のパフォーマンスが上がるし、得をするということをはっきり伝えてやれば、足の引っ張りあいははるかに減るだろう。

むしろ、名門といわれている学校は生徒同士が助けあっているから受かるのだという本当の話をしてやれば、受験勉強を通じて、対人関係がよくなることはあっても、悪くなることはないというのは、私の楽観だろうか？

ついでに、受験勉強と対人関係を考える上で、もう一つ、キーワードとしたいものに「共感」能力がある。

精神分析、特に自己心理学という学派の定義では、共感能力というのは、相手の立場に立って相手の心の中の世界を想像する能力とされている。

たとえば失恋した友人がいるとして、自分は彼女がいてルンルン気分でいたりすると、つい「彼女なんてすぐできるよ」などと（相手にとって）能天気な励ましをするかもしれない。この際に、相手の立場に自分の身をおいて、つまりこの場合なら自分のそのルンルン気分の彼女に逃げられた状況を想定して、自分ならどんな慰めがほしいのかを考える能力が共感能力である。

こういうものは言うは易く、行うは難しの典型例のようなもので、たとえばお客さんの立場にたってものを売れということは商売の鉄則のようにいわれるがそうはいかないものだ。

さて、よく勉強の世界でもいわれることに、勉強ができる人間には、できない人間の気持ちがわからない、そのためできる人間が意識していなくてもできない人間が傷つくような言動をして、できない人間の心が蝕《むしば》まれていくというものがある。

屁理屈といわれるかもしれないが、スポーツのできる人間にはできない人間の気持ちがわからないだろうし、異性にもてる人間はもてない人間の気持ちがわからないだろう。私もスポーツでは子供時代にずい分傷ついた経験がある。

スポーツにしても、できない状態からできるようになったというような場合は、多少はできなかった頃のことを思いだせるかもしれないが、小さい頃から運動神経がいいというケースが大半だろうから、そうはいかないようだ。

受験競争の場合は、それらのケースと比べてはるかにできる人間ができない体験をすることが多い。小学校でずっとトップだった人間が、たとえば灘中に入ったとたんに劣等生の経験をするなどがあるからだ。

それ以外にも、受験そのものに、相手の気持ちがわかるようになる特性がある。たとえば、どんな優等生でも受験生というのは、落ちるのが不安なもののようで、当日風邪を引いたらどうしようとか、大ミスをやったらどうしようとか、あれこれと不安でたまらなくなる。そういう時にできない人間の気持ちがわかるのである。

要するに、受験勉強を通じて、できない人の立場や気持ちがわかるようになるという経験を往々にしてすることになる。つまり、共感能力のよいトレーニングになるのである。

予備校の友達は一生の友達というのは、このような助けあいと共感体験の賜物だろうし、名門進学校ほど同窓会が盛んというのは、エリート意識や実利以上に、やはり助けあいや共感体験によるものだと私は信じたい。

周りが敵という誤信念を植えつけさえしなければ、受験というのはむしろ対人関係のよいトレーニングになるというのが私の結論である。

建設的な反抗を可能にする受験勉強

私が調査書重視、面接重視の入試改革に反対するのは、アイデンティティを確立すべき思春期の時期に、大人世界への「建設的な反抗」のチャンスを奪うからだ。

特に観点別評価になってから、ペーパーテストの学力がいくら高くても、教師から「意欲や態度」などが悪いと評価されたら、行きたい学校に行けなくなってしまう。これまでは、高校に入る時だけ（大学をＡＯや推薦で合格したい人は別だろうが）心配していればよかったのだが、それが大学に入る時までということになる。教師がいくら公平に点をつけようと気を配っても、生徒の側は逆らったらどうなるかを考えてしまうだろう。

面接にしても同様だ。

第１章でも触れたように、昔は学生運動がもっとも盛んだった大学の医学部の学生たちが、論文の改竄など教授の不祥事が相次いでいるのに、すっかり大人しくなってしまった。現在、国立大学で入試面接がないのは、東大と九州大学だけだ。面接をやると教授に逆らうような生徒が入らない、あるいは面接対策を通じて教授に逆らわないほうがいいという考えが染みついてしまった、という風に解釈をするのは、うがちすぎだろうか？

ハーバードなどの海外の名門大学では、教授を面接に参加させないこともあって、むしろ教授に喧嘩を売るようなタイプの学生が入学しやすいという。そういうシステムにならない限り、日本の入試面接は、「おとなしい」「従順な」学生の製造装置になりかねない。

教師のいうことを聞かず、反抗的な態度をとりながら、勉強だけはできるというのは、大人の目から見れば鼻持ちならないものだろうが、暴走族になって人に迷惑をかけたり、集団暴行のようなことをやって、相手に一生残るようなトラウマを残すのと比べて、人に迷惑をかける種類のものではない（教師の心は多少傷つくかもしれないが）し、思春期にはむしろあるべき態度とされる。

私が在籍していた頃の灘校はそれがひどかった。東大をでていない教師に向かって、「お前のいうことなんか聞いていたら東大に落ちる」などとひどい言葉を浴びせたし、授業がつまらないとエスケープする生徒も当たり前にいた。

反抗としては今思うとやりすぎのところはあったが、大人のいうことを聞かず、自分たちのやり方で合格という目標を達成した喜びと充足感は格別のものだったし、その後、生きていくうえでの自信にもなった。

大人のいうことを聞かず、自分たちの力で、大人が評価するようなものを達成したり、大人の鼻を明かすような体験をするチャンスを、学者や役人の思いつきで奪っていいとは私にはとても思えない。

受験が、創造性を奪うというような議論もさんざんなされるが、私の見るところ、受験難関校の学生ほど起業志向も高いし、現実に成功した起業家を生みだしている。高校の3年間、教師の目を気にし続け、面接対策もみっちりやって入学するような、将来の名門大学の学生が、果たしてどのくらいのベンチャー精神をもつのだろうか？

体験学習としての受験勉強

『受験は要領』という本をだした際、理科の実験なんて受験の無駄だから、休息の時間に充てるか、受験に必要な問題集でもやっていたほうがましと書いて激しい批判を受けたことがある。

そんなことでは日本でノーベル賞がでなくなるとさえいわれた。

しかしながら、昔の日本のノーベル賞学者や北里柴三郎氏などの世界的学者は、日本の初等中等教育でろくに実験室がないところで学び、高等教育を受けるようになってから実験を経験している。逆に、文科省の方針で、実験室はどんどん充実していくが、中高生の理科離れが止まらない。

一ついえることは、そういう子でも米村でんじろう氏などの実験は面白がってみるし、それをきっかけに理科が好きになることもあるということだ。

私にいわせれば、結果が最初からわかっていたり、失敗する可能性のないようなものは実験とはいわないし、知的好奇心も喚起しない。

そういう点で、失敗して子供に怪我をさせない配慮の上で、教師の指導の通り進めていく実験などというのは、料理教室と似たようなものとさえいえる（工夫をされていて、失敗するような実験を組む教師がいることは存じ上げているが少数派だろう）。

受験勉強は、やり方によって、将来の生き方や考え方にまで影響を与える実験になる。たとえば、私の受験勉強法の本を読んで、そのやり方を試してみたら、成績が上がった、究極的には志望校に受かったという体験をすれば、やり方を変えればパフォーマンスが上がるという実体験ができる。仕事などで壁にぶち当たった時も、やり方を変えればできるかもしれないという発想につながるだろう。

仮に成績が上がらなかったり、逆に下がったとしても、人のテクニックは素直に信じてはいけないことを学べるし、自分には合わないやり方があることがわかる。その際に、これは実験だった、失敗しただけだと思えれば、別のやり方を試すことができる。最終的に成功できれば、「和田秀樹被害者の会」などと称する必要もないだろう。

そういう意味で、受験勉強法というのは、自分を使った実験であり、体験学習なのだという発想が共有されればいいと考えている。

ノートのとり方から、記憶術まで、世の中にはいろいろな勉強法が流通している。

しかしながら、その中でどれが正しいかはわからない。というより個人差があるので、合うか合わないかはやってみないとわからないのだ。

だからあれこれと試して自分に合うやり方を探すしかない。ただそのプロセスが大事なのだ。

今回の改革で、教師のいうことに逆らってはいけないという精神が広まってしまうとこういう実験精神が損なわれるのではないかとか、学校のいった通りに勉強をする（そのほうが態度がいいことになる）秀才型の大学生ばかりが増えることを危惧する。

本来、高等教育では、与えられた課題だけを勉強するということは許されないはずだ。ところが学校のいいなりだった優等生型の生徒は、課題を与えられないと勉強ができないことは珍しくない。

文科省の意図とは逆に、今回の改革でそういう学生を生みかねないのだ。

昨今、道徳教育の大切さを主張する人も多く、教科にしないといけないという声も強い。

これにしたって教科書に書かれていたからといって、それを心や体で覚えることにつながるとは思えない。

たとえば、「情けは人のためならず」とか「親切にしたほうがいいことがある」といわれてもきれいごとにしか聞こえないだろう。

しかし、前述のように助けあったほうがパフォーマンスが上がるということを受験を通じて経験できれば、それは身に染みるはずだ。

そのほうが、文科省が、現行の入試システムで身につかないと主張する「協働性」をよほど身につけることができる。

少なくとも、この協働性については、アメリカより日本のほうがはるかに有効に機能してきたはずだ。要するに従来型の学習でちゃんと身につけることができたのだ。それをわざわざアメリカ型に変える必要があるだろうか？（聞くところではアメリカの名門大学を目指す高校生は、クラスでいちばんにならないといけないので、むしろ他人を敵とみなす傾向があるらしい）

自分も恩恵を受けた体験学習としての受験勉強を再評価する必要があると私は信じている。

それが私が現行の受験勉強を守りたい最大の動機なのかもしれない。

第5章　受験学力格差はなぜ起こるのか

学力「素質」論の背景

プロローグで述べたように、私は高校2年の時に、受験学力は素質でなく、やり方だと確信したわけだが、それでも生まれつきの要因が大きいと信じる人は多い。

私の親の世代（昭和初期の生まれ）は、高等教育（それどころか中等教育も）に進めないのは、経済的理由という人が多かった。経済が豊かになり、子供を大学に進学させられるようになれば、それを望む人も多かったし、大学受験は努力で乗り越えられるものととらえ、子供の私たちもそこに疑念を差し挟むことはなかった。

私の父親（1931年生まれ）は実は志望校に落ちて、行きたい大学に行けなかった口であるが、旧制の女学校を卒業している母親（父親と同学年）は、自分の学歴を棚にあげてまさにそのような感覚の持ち主であった。

大学受験が努力で乗り越えられるという価値観が形成される時期には、素質論が入り込む余地は少ない。潮目が変わってきたのは、戦後の第一次ベビーブームで誕生した「団塊の世代」（1947〜49生まれ）が大学受験を迎える時期だと私は考えている。

彼らが高校や大学に進学する1960年代は大学進学率が増加する一方、それを吸収するだけの学校数が不足していたため、かつてなかった厳しい受験競争に晒《さら》された。「一五の春は泣かせない」のスローガンの下、全国で新設高校が次々と新設され、高校進学率はこの時期に急上昇した。当然、大学受験も苛烈《かれつ》を極める。1960年代の大学進学率は15～20%であったが、志願者に対する定員が圧倒的に足りなかった。

当時は子供を私立大学に行かせられるほど裕福ではない家庭が多く、定員が少ない国公立大学に志願者が殺到して競争率が高騰した。人気大学では、入学定員に対して5倍、10倍もの志願者が殺到する。当然、不合格になる受験生も続出した。もはや死語となっている「四当五落」(4時間睡眠で勉強すれば受かる、5時間寝ると落ちる)という格言が流行ったのは、これより少し前だが、全体的な雰囲気はそんなものだったようだ。それでも格言通りに勉強しても落ちた受験生が、かなりの割合でいたはずである。

では、どのくらいの人たちが不合格の憂き目にあったのか。団塊の世代が大学受験を迎えたのは1966年前後であるが、この時期の「不合格率」を算出した興味深いデータが、教育社会学者・舞田敏彦氏のブログで見ることができる(「データえっせい」2016年1月10日「大学受験の50年史」参照、以下URL http://tmaita77.blogspot.jp/2016/01/50.html)。

「不合格率」とは、おおむね「大学志願者のうち不合格になった受験生(どこの大学にも受からなかったもしくは受かっても行かなかった人）の割合」と考えてよい。

１９６６年から3年間の不合格率のデータを見ると、１９６６年が42・９％（合格者29・3万人、不合格者22万人）、１９６７年が43・５％（合格者31・3万人、不合格者24・1万人）、１９６８年が42・５％（合格者32・6万人、不合格者24万人）となっていて、軒並み40％を超えている。

団塊の世代では、大学受験に挑んだ10人のうち、実に４人強が大学に入学できないという憂き目にあっている。第一志望に合格できた割合はずっと少ないだろう。希望する大学に落ちてやむを得ず私立の「受け皿大学」に行ける受験生はまだ恵まれているほうで、経済的理由から大学受験を断念し、高卒の肩書きを手に泣く泣く就職していく人も少なくなかった。

そして、このような高い競争率の上に、大学進学率が２割程度だったので、当時はそもそも大学と名のつくところに入るだけで（今のＦランク校と違い）、そうでなくても高校生の学力レベルが高かった時代（落第や留年もさせていた）の中のエリートということになる。つまり、彼らは、十分高い学力を誇っていた。

とある有名通販会社の社長（団塊の世代生まれ）について、自身が大阪経済大学卒なのに息子は東大、とネットで書かれていたのを読んだことがあるが、当時の大学、特に東京や大阪の大学に入る難しさを知らないからそのようなことを書くのだろうと私には思えてならない。

ものすごく勉強をしたのに、世間で二流といわれる大学にしか入れない、あるいは大学進学そのものをあきらめるという人が団塊の世代には大勢いたし、努力だけではどうにもならないという感覚が蔓延《まんえん》したのは想像に難くない。

そして、その時代の受験の勝ち組の多くの親が高学歴(学校歴)だったのも事実だ。

それを見て結局は受験学力は、努力より素質だという考えが広まっても不思議ではない。

親がどう関わりどう影響するか

一方で、親が偉すぎると子供の学校歴がパッとしないことも珍しくない。

東大卒の大企業の社長や政治家の子が意外に東大に入っていない、両親がエリートの医師や弁護士なのに子供の学校歴がパッとしないなどという話は結構よく聞くことだ。

受験学力が遺伝するように見えるのは、素質ではなく親から子への受験技術の伝承なのではないかと私が考える理由がここにある。

要するに親が忙しすぎて、かまうことができなかったり、受験技術を伝えることができなければ、なかなか子供の受験の結果が思うようにいかないからだ。

私自身、多忙を理由に、自分の子供には十分な指導をしてあげることができなかったから、これは納得がいく話ではある。

もう一つ、経済学の英文の論文をたくさん書いている学者から聞いた話だが、テレビによくでる経済学の教授で論文の数の少ない人に限って、子供の学校歴がぱっとしなかったり、小学校から大学の付属に行かせているという話を聞いたことがある。

親が勉強をしている姿を見ていると、勉強するのが当たり前という価値観をもつし、たいして勉強もしていないのに肩書きでテレビにでている親を見ていると勉強をする気にならないということなのだろう。

そういう点では、私もそれなりに子供にいい影響を与えたのかもしれないという自負がある。湯川秀樹氏をはじめ、学者の家に生まれた秀才の伝記を読むと、家庭環境の影響が意外に大きいのは事実だと感じる。

先に団塊の世代の受験勝ち組の親が高学歴だったと述べたが、その親は受験システムの違う旧制高校などをでているので、技術の伝承ではないという反論も考えられる。

確かに、今の東大生や、あるいは名門私立中高一貫校の生徒などは、親も似たような受験体験をしている。これなら、技術の伝承といいやすい。

しかし、この手の技術の伝承の中で、意外にカギになるのは、「こんなものできなくても東大に入れる」とか「これは捨ててこっちで点をとればいい」というようなアドバイスである。

私自身、遠い親戚以外、身内に一人も東大合格者がいなかったから、子供の頃は東大なんて夢の夢のように思っていたし、非常に遠い存在だった。灘に入って、よかったことの一つに、こちらから見てあまり賢そうに思えない先輩が東大に受かる姿を見たことで、かなり気楽に受験を迎えることができたことがある。

自分から見て身近な、そしてちょっと抜けたところのある父親や母親が東大なり医学部に行っていたなら、自分でも入れそうな気がするし、その親から、問題を解けずに苦しんでいる子が「こんな難しい問題はできなくても、易しい問題を確実におさえておけば合格点に足りるから」などというアドバイスをもらえれば、精神的にも楽になる。

ただ、そういう技術の伝承には、必ずしも自分が東大をでていないといけないわけでもなさそうだということを最近学んだ。

息子3人を東大理科三類に現役合格させて（息子3人が現役合格したともいえるが）話題になった専業主婦の佐藤亮子《りょうこ》さんと対談した際には、彼女が私の本も含めて、いろいろな勉強法の本を熟読し、自分が納得したものを子供にやらせていったという話を聞いた。

さらにいうと中学受験の段階では、母親が専業主婦のほうが、圧倒的有利だとされている。

素質論で考えると、母親が高学歴の医師や弁護士などのほうが有利なはずだ。ところが、ワーキングマザーの子では受からないほど、昨今の首都圏や京阪神の中学受験競争はシビアなのだ。子供というのはやはり、任していれば（親の目がないと）そうそう自発的に勉強するものではないようだ。

そういう意味で、経済的理由で親がつきっきりになれなかったり、親の側のあきらめによって、チャンスを無にしている子供が少なくないのはとても残念な話だ。

もちろん、親が死に物狂いで勉強をやらせようとしたり、苦しい家計の中から中学受験塾に通わせたりしているのにうまくいかないケースが多々あるのも事実だ。

そういう経験をするとやはり素質論に傾くかもしれない。

ただ、それ以外の要因だって十分にあり得る。

一つは、中学受験をする年代の子にはまだ発達の差がある。脳の発達が早いか遅いかで、やはり学力に差がでてしまう。

また、親が必死になりすぎ、子供が感じるプレッシャーやストレスが強すぎることもあるだろう。あるいは、子供にあった勉強法を模索せずに塾のいいなりの勉強をさせ、それに子供が合わなければいい結果はでない。

少なくともこのようなケースで、素質の問題で片づけることは誰も幸福にしないだろう。

意欲格差の問題

ただ、多くの親にとって頭の痛い問題として、「子供がやる気になってくれない」ということがあるかもしれない。

たとえば、私のもとに「勉強をやっているのに成績が悪い子」と「勉強をやっていないので成績が悪い子」がきて、なんとか受験に成功させてほしいという話になったとする。

前者のほうが頭が悪そうに思う人も少なくないかもしれないが、私であれば、前者の子の指導のほうを引き受けたい。要するにやる気はあるのだから、やり方を変えれば成績が上がる見込みが高いように思えるからだ。

それと比べて、これまでやっていなかった子に勉強をさせるのは意外に難しい。この手の子は、「やっていないからできない」ことには甘んじることができるが、「やってもできない」となると自分が馬鹿ということになるから、それを避けたいという心理も働くだろう。

さて、意欲の高い子とそうでない子の差はどこで生まれるのだろうか？

もちろんこれもさまざまな要因があるだろうが、比較的多く見られる、かなり単純な理由は成功体験の有無や、「できる」という健全な自信だと私は考えている。

これは、受験産業の世界ではよくいわれることなのだが、大学側がデータを公表しないものに、東大生は4、5、6月生まれが多いとされている。

小学校受験や中学受験であれば、たとえば4、5、6月生まれと早生まれの月齢の差が、脳の発達の差にかなり直結するかもしれないし、そのハンディキャップを受験対策で逆転するのは困難かもしれない。しかし、大学入試を受ける年齢になれば、ほとんどその手のハンディキャップは克服されているはずだ。最悪、浪人すれば、むしろ現役の4、5、6月生まれより年上ということになる。

それでも4、5、6月生まれが受験に強いとすれば、他の要因を考えないといけない。

私の考えた解答（もちろん正解とは限らない）は、意欲の格差なのではないかということだ。4、5、6月生まれの子は、小学校に入った際に、背も大きいし、口もたつし、勉強の飲み込みも早い。すると、自分のことを「できる」「頭がいい」と思える可能性が高い。

何度もいうように勉強ができると、勉強を好きになるしやる気にもなる。そのため、学習習慣もつきやすいし、勉強を続けることで、さらに優等生の地位を保つことができて、勉強好きのまま、中学、高校生活を送る可能性が高いということになる。

身長や体格であれば、思春期くらいにほっといても逆転がある。スポーツの能力だって、この時期以前に練習の習慣をもつ子は、親がプロを狙わせるなど特殊な例だろうから、やはり中学校くらいから練習を始めれば、4、5、6月生まれの子を簡単に逆転できる。しかし、勉強だけは、4、5、6月生まれの子がこの時期以前に自発的に毎日勉強をすることが多いので、どんどんその他の子と差が開いてしまうのだ。

もちろん、その中には、ドロップアウトしたり、スポーツであれ、ゲームであれ、他のことが楽しくなって学習習慣が失われていく子もいるだろう。要するに、4、5、6月生まれの勝ち残りの子が東大や医学部など難関校に入っていくことになる。

逆に、小学校に入った時点で、勉強の飲み込みが悪かったり、弁もたたなかったりで、自分は「頭が悪い」と思ってしまった子は、そのまま勉強嫌いになるリスクが大きい。親がしっかりしていて、月齢のため今は負けていて当然と励まし、小学校に入る前や低学年の時期に勉強をさせていい点をとらせてあげないと、そのまま勉強嫌いになりかねないわけだ。

昔のように一億総教育ママの時代には、子を励まし続ける親も多かっただろう。しかし、格差社会化で、あきらめも蔓延すると、この子たちが救われないリスクが増大しているように思えてならない。

勉強法を教えることで、こういう子供を救うニーズは高まっていると私は信じている。

基礎学力が高いのになぜ秋田の東大進学実績は悪いのか

2007年に全国の小中学校の最終学年の児童を対象に学力調査が行われることになった。1966年に国による学力調査が違法という判決がでて、実質廃止になったのだが、それが64年以来43年ぶりに再開されたということになる。

その際に秋田県が小学校の算数・国語で全国1位、中学校でも2位となり、学力の高さが注目を集めた。その後も、秋田、福井、青森、富山、石川などが学力の上位地域とされ、2016年度は石川県が全国トップに立っている。

ところが、2007年の小学6年生が大学受験をする2013年の東大合格者数のランキングでは、秋田県は下から5番目の43位、人口当たりでも、下から8番目（うち2府県は大阪と滋賀という東大合格者数は少ないが京都大学に大量合格者をだしている地域）だった。そこで、予備校と協力して合格者数を増やしたことは前述の通りだが、石川県を除くと、残りの上位県も決して難関校への合格者の率は高くない。

基礎学力の高さが大学受験では有利なはずなのに、こういう現象はなぜ起こるのだろうか？

一つには、これらの地域に有力な中高一貫校がないため、6年一貫の勉強ができないということがあるだろう。確かに中学・高校は、少なくとも主要教科ではカリキュラムが連続性をもっているわけだから、中学校の間に高校のカリキュラムに入れるほうが有利といえる。

もう一つは、現行の義務教育レベルでいくら学力が高くても、それは、中学受験レベルにははるかに及ばない。つまり、難関大学受験に必要な基礎学力は、中学受験レベルのものであって、現行の義務教育では足りないという考え方だ。これについても、私が前述のいわき市の中高一貫校のカリキュラム指導をして痛感したことではある。

ただ、私がもう一つ大きな要因ではないかと疑っているのは、これらの「高学力」地域では学校や教師が強すぎるのではないかということだ。

教師の強制力が強ければ、当然、小学校レベルであれば、子供は勉強するだろうし、ペーパーテスト学力は上がる。中学生であっても、教師の強い地域ならいうことを聞くだろう。受験圧力が低下し、中位以下の子供の勉強の動機づけになっていないのなら、教師の強制力が強いか弱いかは、子供が勉強するかどうかに大きな影響を与えるはずだ。

おそらく、学力上位県は、教師の強制力がかなり有効に機能していて、学力の底上げがなされているはずだ。

このことそのものは、それほど悪いことではないと私は考える。義務教育であれば、強制力を働かせてでも、特に下位層の子供にしっかりとした学力をつけてあげるのは、行政サービスとしては良好なことだ。

ただ、これまでも書いてきたようにトップレベルの大学を狙うには、教師の言いなりではなかなか合格しない。単に秀才になるだけでなく、受験テクニックも必要だし、学校のやり方が、自分の能力特性に合っているかもわからない。教師が自分の経験則で指導をしていても、地方の高校教師はほとんど東大を卒業しているわけではないので、たとえば東大受験向きの指導としては的外れになることだってあるだろう。

予備校と協力して東大合格者を増やす前の秋田県では、東大に合格圏の子供まで東北大学に行くような進路指導をしていたそうだ。教師の力が強ければ泣く泣くそれに従うこともあるだろうし、そもそも自分が東大に行けると思えないかもしれない（東大模試のようなものがあるので、それは減っているはずだが）。

かくして、教師による画一的な学習指導や進路指導を押しつけられ、その言いなりになる文化が、学校や教師の強い地域ではできやすいのではないか？

建設的な反抗としての大学受験の意味を前に書いたが、受験というのは受け身の勉強のように思われがちだが、受け身から自分のために勉強するという方向への転換のチャンスでもある。

もちろん学校秀才があり余る学力で東大に受かることは珍しいことではないが、地方の受験生こそ、学校に逆らって、自分でやり方をみつけたほうが結果がいいという経験をしないと、地方を活性化する人材がでてこない（でてきても東京にとられてしまうのも大きな問題だが）。

地方と都会の格差という問題

小中学校が高学力の地域でさえ、難関校への合格者は少ないのだが、難関校受験や医学部受験において、地方と首都圏の格差が大きくなっていることは昔から問題にされてきた。

実際、２０１６年の東大合格者数ランキングを見ると、ベスト10はすべて、私立もしくは国立の中高一貫校で占められている。ベスト20の中に、日比谷高校、西高校、千葉高校などの公立校もランクインするようになったが、すべて首都圏の学校である。

医学部合格者数ランキングでは、19位までがすべて、私立もしくは国立の中高一貫校で占められ、20位に仙台二高がやっと入っているというのが実情だ（『週刊ダイヤモンド』２０１６年６月18日号による）。

そのため、中高一貫校のない地域からは、東大や医学部に入れないという神話がほぼ確立した感がある。

この神話はかなり前からいわれていて、私もそれを信じていたのだが、実際の統計を見る限りでは、２００７年頃までは、東大合格者に対する東京や首都圏出身者の比率は20年ほど大きくは動いていない。つまり名門校が目立つだけで、合計すると地方からもかなり合格している。

地方にも衛星予備校のようなものが増え、東京と同じレベルの講義が受けられるようになったり、６年一貫の出身でないために現役の時は中高一貫校出身の受験生に勝てないが、浪人して東京の予備校に通えば逆転可能という受験生がまだかなりの数いたということだ。

ところが、おそらくは２００２年に開始されたゆとり教育の影響なのだろうが、それ以降は、じわじわと東大合格者における首都圏の割合が増え、目立った中高一貫校のない東北地方の合格者数は減り続けている。

２０１０年の関東地方からの東大合格者数は１５７８人だったが、その後ほぼ一貫してそれが増え続け、２０１５年には１８３７人と２５９人も増えている。東大の定員を考えると１割近く関東地区のシェアが増えたということだ。その一方で、北海道・東北からの合格者数は２０１０年の１５２人に対して、２０１５年は１１６人（これもほぼ一貫して減っている）と４分の３に減っていることになる。

やはり中学受験の文化のない（塾文化のない）地域でのゆとり教育による基礎学力の低下は馬鹿にならなかったのではないだろうか？

たとえば、ゆとり教育の導入で小学校1年生の算数では、一桁《けた》の足し算しかやらせてもらえないのでは、子供は退屈であると同時に計算力が身につきにくいだろう。現実に前述の陰山学級では、小学生の低学年の時期にみっちり計算のトレーニングをさせると、ほとんど全員の生徒が、速く正確に計算ができるようになり、その後の受験勉強でも優位にたったとのことだ。ところが、ゆとり教育では、4桁以上の足し算・引き算、3桁以上の掛け算・割り算、図形の合同・対称などさまざまなジャンルが小学校の教科書から姿を消している。

この傾向は中学に入ってからも続く。中学カリキュラムからたとえば二次方程式の解の公式が姿を消している。英語にいたっては3年間の必修単語がわずか100語程度となってしまった。

もちろん、このゆとり教育のカリキュラムは2008年の学習指導要領の改訂（実施は2011年）で、完全撤廃されたのだが、今でもその影響はまだ続いているということだろう。2015年受験組は、2009年に小学校を卒業しているから、小学校の6年間と中学校の最初の2年間はゆとりカリキュラムを受けていたということだ。

それに対して、中学受験のある地域の教育熱心な親たち（昔と比べて減っていると推定しているのだが）は、当然危機感を感じて、中学受験へのドライブがかかる。つまり、公立にしか行っていない生徒は、ゆとり教育を受けた一方で、それを避けられる生徒は以前以上に塾のハードなカリキュラムを受け、そういう生徒の比率はゆとり導入以前よりも増えたのだろう。

結果的に、東京と地方の格差を広げてしまったのだ。

カリキュラムが見直されたとはいえ、まだまだ公立学校で受けるカリキュラムと中学受験塾のカリキュラムの差は大きい。

そういう意味で、親が自衛するしかないと私は考えている。

中学受験塾はなくても、その問題集などを手に入れることはAmazonなどではるかに容易になった。中学校以降も、衛星予備校を利用できるし、また、私の著書だけでなく、大学受験の勉強法だっていろいろなものが選べる。

ついでにいうと、住民の価値観が変わると、公立高校の難関校への進学実績が上がったという実例がある。

２００４年以降しばしば東大合格者数が公立高校の中でトップとなる愛知県の県立岡崎高校や、それに次ぐ茨城県の土浦一高の共通点は、教育熱心な土地柄にあると私はみている。岡崎には岡崎国立共同研究機構という研究所があるし、土浦のバックグラウンドは筑波の研究学園都市である。その地域では、親の学歴（学校歴）が高く、東大を遠い存在に感じないで済むということもあるだろうし、そうした親をもつ子が周囲の子にもいい影響を与えているのだろう。あるいはそれらの親たちの教育熱心さが周囲に伝播《でんぱ》するのかもしれない。

このような条件が整えば、地方からでも十分東大合格を狙えるという傍証といえるかもしれない。

ただ、今回の入試改革は、結果的にさらに地方と都会の差を広げるだろう。

小論文は、通信添削もあるが、やはり都会のほうが学べる塾は多い。面接対策などは余計にそうだ。おそらく（今でもあるが）自己推薦書の指導塾もでてくるだろう。

ペーパーテスト学力が公平というのは古い社会的意識、と「答申」では謳われているが、対策塾を禁止しない限り、新しいテストのほうが不平等になるのは当然予想されることなのだ。

収入や社会的階層による受験格差の問題

現在の受験学力格差における地方と都会のエリアの格差以上に大きな問題と私が考えるのは、収入や社会的階層の格差が、受験の結果の格差につながることだ。

私自身が、受験競争（あるいは、その結果としてのある種の学校歴社会）を肯定的にとらえる理由の一つに、それによる社会的階層の逆転可能性を期待できることがある。

貧しい出自の人間でも、勉強して一流といわれる大学に入ることができれば、それなりの社会的地位が保証される（確実とはいえないが、かなりの確率で期待できる）。

だからこそ、かつては、貧しい家や親が学歴をもたない家でも、子供に期待をかけ、勉強をさせ、受験の勝者を目指させた。むしろ、貧しい家のほうが教育熱心だったといわれたくらいだ（統計的に見ると本当はそうでもなかったようだが）。しかも、官尊民卑の風潮が強い日本では、公立高校と国立大学が優位のため、勉強さえできれば、非常に安い教育費で、受験の勝ち組になるのが可能だった。そして、現実に、そのような社会的階層の中から、這《は》い上がり、社会の成功者や指導層になった人は枚挙に遑《いとま》がない。

そのようなジャパニーズドリームがまさに崩壊しようとしている、というか、崩壊したといっていい状況だ。

一つには、前述のように、難関大学入学のためには、中学受験をしないと圧倒的に不利になっているということがある。国立のいい学校のない地域以外は、私立の中高一貫校に行かないといけない、つまり、親の経済力がないと名門校や難関校に入れないという問題がある。

これについては東京大学自体が危惧しているようで、世帯の総所得金額が年間218万円以下（給与収入のみの場合は収入金額400万円以下）の場合は、授業料を免除している。また、東大は「学生生活実態調査」というのも何度か行っており、世帯の平均年収がどのくらいであるかも調査している。2012年度のものを見ると、年収950万円以上が57％に上り、日本全体の平均年収の倍近い状態になっていることが明らかになった。

しかし、一方、この調査では、年収450万円未満も13・5％いることを明らかにしている。

昔と違い、参考書の質もよくなり、受験テクニックの指南書も増えているので、貧しい家の子供でも、それらをうまく利用できれば、合格できないわけではないのだ。

むしろ、問題は、社会的階層の低い人の子供（昔なら上昇志向が強い層だ）ほど、意欲に乏しいということだ。おそらくは、勉強してもどうせ無駄という希望格差の問題か、今の生活で十分という上昇志向の欠如（これは私が1991年から94年にアメリカに留学した際に見た姿とそっくりだ）の問題なのだろう。

少し古い調査になるが（その後も、この結果を追認する調査結果はいくつかでている）東京大学大学院の苅谷《かりや》剛彦《たけひこ》教授（現オックスフォード大学教授）らの調査結果によると、社会的階層や親の学歴が低い層ほど、子供の勉強時間が短く、今の成績で十分と答える子供が多い。

この傾向は、昔からなかったわけではない。この調査は79年と97年に高校2年生を対象に行われたものだが、79年の当時からこの傾向はあった。たとえば、79年当時、父親が社会的階層の上位層の子供の1日平均の勉強時間は119・5分に対して、下位層の子供では73・3分に留まっている。この調査はおおむね62年くらいの生まれの子供を対象にしている。私自身60年の生まれとしていわせてもらうと、当時の東大合格者数のトップ校は、私立の灘高校で、その中には社会的階層の下位層の家の子供はまずいなかったと記憶している。すでにある程度金のある家でないと東大に行けないということがぼちぼちいわれだしていたように記憶している。この頃にはすでに社会的階層の低い人たちの間で、勉強しても、賢い親の子供や金持ちの家の子供には勝てないという感覚は芽生えていたのかもしれない。

そして、97年の調査では、その傾向が俄然《がぜん》、顕著なものとなる。

上位層の勉強時間102・5分に対して、下位層は47・2分。79年の調査の際には下位層の勉強時間は上位層の61%であったのが、97年には46%にすぎなくなっているのだ。

この調査では、「落第しない程度の成績でよい」と思う生徒の割合なども調べているが、いずれの調査でも、社会的階層が低い家庭の子供ほど意欲がないことが明らかになっており、その傾向が79年調査に比べて97年調査のほうが顕著になっていた。

要するに、昔と比べて今のほうが受験を通じて社会の低い階層から這い上がろうとする子供、あるいは、それに期待する親が減っているのである。

このようなあきらめの蔓延も、さらに受験競争を緩和する方向に働いているのは間違いない。少子化で競争相手が減っている上、昔と違って、本格的な受験競争は、同世代のほとんどの子供を巻き込むものではなくなり、親が高学歴であったり、高い社会的階層にいる人たちだけが参加する局地的競争の様相を呈しているといえるだろう。

今後は、さらに面接対策や小論文対策、自己推薦文対策などにお金をかけられる家のほうが有利になったり、仮に事実無根であっても（今回の入試改革でも文科省がいうことを聞かない大学には補助金を減らすと脅しているくらいだから、有力者の子を落とすと補助金が減らされるとビビる大学がでてきても不思議ではないが）親の社会的地位が高いと面接に有利（アメリカではそうなっている）という噂《うわさ》が広まるようであれば、この意欲格差はさらにひどいものになりかねない。

アメリカのアファーマティブ・アクションのように、日本でも低所得者層の子や地方出身の子を有利にするようなことをしないと、このあきらめの蔓延が解決されないかもしれない。しかし、一方で、逆差別といわれたり、インターネットの普及で、「〇〇は優遇措置で東大に入った」と書かれるようなことがつきまとう危険もある。

余計に有利になる中高6年間一貫校

私の見るところ、この改革は、そうでなくても難関校合格を中高6年間一貫校が寡占している状態を余計にひどくする。

第1章でも触れたが、共通一次試験やそれに続くセンター試験の導入後のほうが、ますます東大合格者、医学部合格者などに占める中高6年間一貫校の割合が増えている。

結局のところ、先取り学習を行う中高6年間一貫校では、センター試験の対策に高3の時間を使うことができるからだ。試験を増やせば増やすほど、中高6年間一貫校に有利になるのだ。面接対策であれ、小論文対策であれ、時間がかけられるほど有利なことは間違いない。

東大が2016年に初めて推薦入試を行ったが（これが2020年度以降の東大入試の試金石になると噂されている）、合格者77人のうち14人がAO義塾という塾の出身者だということが話題になった。ただし、この合格者の多くは、東大推薦入試の一次選考の通過者で、彼らがその塾の行った対策講座を受講しただけということが判明した。そもそも出願して一次選考を通過することが難しいだろうから、この実績そのものはあてにならない（現に、この対策講座を受講した人とそうでない人の合格率は差がなかったようだ。一次選考を通過した人はわずか149名だった）。

しかし、本格的な入試改革が行われ、一般の東大受験生すべてに面接や小論文が課されてからのほうが、塾や予備校の意義が大きくなると私はみている。ほとんどの高校生が集団面接など経験したことがなく、まともに論文が書けない（18歳やそこらの子なのだから、これは当然のこととといえる）のだが、この手の能力はある程度のトレーニングによって、獲得するのはそう難しいことではない。

私は、日本の教育産業や受験産業の能力を馬鹿にしてはいけないとみている。実際、それがあるおかげで、日本は政府の公教育支出がGDP比で先進国最低レベルなのに、国民全体の学力も高く、またエリート層に関しても、海外のグラジュエイトスクールに留学しても十分勝負ができる学力を担保してきた。勉強ができない子に関しても、それを救っているのは、学校教師より、むしろ補習塾である。

ただし、入試改革が行われた場合、そういう受験産業での対策を行うためには、講習を受ける経済的余裕だけでなく、時間的余裕も必要である。

だとすれば、やはり早めに高校課程のカリキュラムを終える中高6年間一貫校が有利になることは容易に予想できるのだ。

要するに共通一次試験の導入の時と同じように、制度改革は余計に都市部の中高6年間一貫校に有利に働き、余計にそうでない公立学校の凋落を招きかねない。

灘校カリキュラムと鉄緑会

私が共通一次試験の第一期生になってしまった年には、灘高校から東京大学理科三類に現役だけで19人の合格者をだしている。現浪合わせた合格者数は、灘校1校だけで、東京都のすべての学校の合計数とほぼ同じだったし、現役合格者の数は、灘校からの合格者のほうが多かった。

なぜ、こんなに灘が強いのか以上に、なぜこんなに東京がダメ（東大の易しい学部でなく難しい学部に合格できない）なのかのほうに私は注目した。

結論的にいえば、カリキュラムの差だった。

筑波大学付属駒場高校は国立という縛りがあるため、それほど先取りのカリキュラムが許されず、進度を速くするより、各々の単元を深く教えるというような形をとっていたようだ。

開成のほうが多少は先取りをしていたが、灘ほどではなかったようだった。

実は、私が灘中に入った際に面白い話を聞いた。

英語の教師はこういった。

「中学校で習う英語の単語が1000なのに、高校では5000習う。東大に行きたいのだったら、1万語は覚えないといけない。一般には中学生の頃のほうが記憶力がいいのにこれはおかしい。ならば1年で1000ずつ覚えて、6年で6000覚えればいい」

なるほどと納得したが、なんのことはない、中学のカリキュラムを1年で終えるということである。

数学の教師はこういった。

「中学校で習う範囲は、マイナスの数にしても、文字式にしても簡単すぎる。君ら、灘中の受験を勝ち抜いてきた人間やったら、鼻くそをほじってでもできるやろ。でも、高校範囲は大変や。3年でやるのは無理やと僕は思てる。だから中学範囲を1年で終わらせて、高校範囲を4年かけてあげる」

このカリキュラムが、灘校が難関校に強い所以だろう。東大にただ入るだけでなく、文科一類と理科三類に圧倒的に強かったし、京大や阪大の医学部にも強かった。理科一類や、文科三類などは東大とみなさないというやつもいるくらいだった。

これをなぜ東京の学校がやらないのかを疑問に感じていたし、これをやれば東京の学校からでも理科三類の合格者が増えるだろうと考えて、大学5年生の時に塾を始めた。

これが今も東京大学理科三類に圧倒的な合格実績を誇る鉄緑会である。

スポンサーにお金をだしてもらってつくったこともあって、結果的に不本意な形でやめる羽目になったが、灘校カリキュラムが、受験の王道であることを証明できたのは確かだと思う。

受験の低年齢化をどう考えるか

早めにカリキュラムを終えたほうが受験に有利であれば、受験勉強を早めに始めたほうがいいという考え方もあり得る。

かつては高校2年生くらいから受験生といっていたのが、今は中学受験が開始される、小学4年生くらいからのスタートがスタンダードになりつつあるといってよい。

これは私の中学受験時代と比べると1年早いものである。

この年齢からの受験競争は早すぎるかという問題に関しては、私は妥当なのではないかと考えている。

ピアジェという発達心理学者によれば、将来の計画を考えながら行動ができるようになり始めるのが、小学4年生くらいからだといわれている。

だとすると、それより早い年齢から受験勉強を始めさせても、親の計画に乗っているだけ、あるいは塾のカリキュラムにいわれた通りのことをやっているだけ、あるいはテストでいい点をとるための勉強、ということになる。

もちろん、いい点をとるとやる気になるので、それが悪いとはいわないが、小学校4年生くらいになると、勉強するほうが将来に役立つとか、これをこんな風に勉強すると先々このような能力がつくということが理解できるということになる。つまり、子供が納得した形で受験勉強をすることが可能になるのである。

もちろんそのためには親の側が、子供にでもわかる形で受験の意味を伝えないといけない。中学受験の開始に際し、そのようなことをしている親がどれだけいるかはわからない。

しかしながら、それさえうまくいけば、中学受験は、先の見通しをもった勉強、自己能力開発をするよいトレーニングといえるし、親からの命令としてでなく、自分のための勉強の体験の第一歩にもなり得る。その意味で私は小学校4年生からの通常型の中学受験であれば、早すぎる受験競争とは思っていないのである。

ただ、今の時代には、小学校4年からの本格的な中学受験勉強に勝ち抜くために、小学校2年生や、3年生、早い人なら1年生から中学受験塾（のジュニアクラスというべきもの）に通塾することも珍しくないという。

これについては、親の経済力により学力格差がますますついてしまうという問題はあるものの、子供が楽しんで勉強をしている分には問題はないだろう。

ただ、勉強ができる体験が、子供をやる気にすると前にも書いたが、その逆も可である。つまり、できない体験をし、特に「自分は頭が悪い」と思わせてしまうと、そのまま勉強嫌いに陥ってしまうリスクは大きい。この時期の子供は発達の差が大きいから、できない、わからないというのなら、無理をさせないに越したことがない。

抽象思考ができない時期に中学受験塾に行って挫折する子は少なくないが、そういう時期であれば、むしろ計算や、漢字の単純暗記のようにやればできるものをやらせたほうが賢明だろう。他の子に勝っていることがあれば、自分のことを頭が悪いと思うリスクは低減するはずだ。

最後に、いわゆる「お受験」といわれる、小学校受験に言及しておこう。

これは、競争を通じて社会の成功者になろうというエリート型の受験競争というより、むしろ代々名門のエスタブリッシュメント教育の中にわが子をおきたいという願望を反映するもののように思われる。というのは、現在のお受験で人気があるのは、大学の進学成績のよい国立大学の付属小学校より、大学までつながっているエスカレータ型の学校であるからだ。

これらのエスカレータ校は、早めに大学までつながっている学校に入れてあげて、過酷な受験競争を体験させたくないという親心から人気がでたところもあるだろう。しかしながら、これまで説明してきたように、多くの私立大学は、慶應や早稲田などの超難関校を除くと、一般受験を経なくても高校からの推薦によって付属校を経なくてもはるかに入りやすくなっているし、少子化で一般受験でも入るのははるかに易しくなっている。また、知識社会化の流れの中で、あるいは終身雇用が崩壊した後の競争社会の中では、学力が担保されずに、学校歴だけ立派という人間は、社会の中で淘汰《とうた》される可能性が高まっている。

ただし、わが国でも階層分化が進み、這い上がり型のエリートが減っていく中、むしろこのような小学校から付属校上がりのエスタブリッシュメントの知りあいが多いほうが、就職や将来のために有利という親の考え方は一概に間違っているといいにくい。女の子をもつ親にしてみれば、学力による階層の逆転より、結婚による階層の逆転のほうが現実的と考えるのは、あながち的外れといえないのかもしれない。

そういう事情でお受験ブームは加速したのだろう。

お受験で、子供に面白い問題をやらせることは能力開発のために悪いとは思わない。ただ、親がエキサイトしすぎて、「なんでこんなものができないの」というような叱責《しっせき》をして、子供に自信をなくさせたり、あるいは、発達が遅いために、実際にできなかったりして、子供が自分は頭が悪いと思うリスクが心配だ。

もう一ついうと、この手のエスタブリッシュメント教育型の名門大学の付属校にいると、少なくとも一般の大学受験生よりは勉強をしなくなることが多い。それでは、おそらく国際社会や知識社会を勝ち抜いていけない。

ハーバードにもオックスフォードにも付属校がないように、世界中の先進国の中で、小学校の受験で、その国を代表する名門私立大学にエスカレータ式で上がれるシステムがあるのは日本だけなのだから。

2020年改革で生みだされる別の格差

2020年度からの新制度入試で、さまざまな格差を広げてしまう危険を論じたが、実は、もう一つ問題があると私は考えている。

それはスクールカーストの長期化だ。

スクールカーストというのは、教室内が、人気やコミュニケーション能力（というか現在若者たちがコミュ力と呼んでいるもの）で序列化される現象を指す。

一軍とされる人たちは、クラスでリーダーシップをとり、クラスの雰囲気やクラス内世論のようなものを形成する。二軍はそのフォロワーで、一軍の意見や方向性に従いながら、クラスがまとまっていくマジョリティだ。そして、三軍といわれる人たちは、その仲間に入れない仲間外れ、もしくは自分からその道を選ぶ「オタク」とされる人たちだ。

私も、この問題については、以前から関心をもっていて、『なぜ若者はトイレで「ひとりランチ」をするのか』（文庫版のタイトルは、『スクールカーストの闇』）という本を書いた。そこで、関西教育学会が主催する「スクールカーストの『今』について考える」（2015年11月15日）というシンポジウムにパネリストとして招待されたことがある。『教室内《スクール》カースト』で一躍注目を浴びた鈴木翔氏（秋田大学大学院理工学研究科助教）も招かれていて、それぞれの立場で講演を行った。

この際の鈴木氏の基調講演も興味深いものであった。スクールカーストはいわゆる「人気者の序列」というよりも、半ば生来的に与えられた「役割」とか権力構造にも近いようで、本人たちはその自覚をもち続けながら生きているというのである。

子供たちは教室内での自分の序列やたち位置を自覚的にとらえていて、成長しても環境が変わってもその意識が消えることはない。そして、地元の仲間と飲んだり遊んだりする時は、むしろ積極的にかつての序列や役割を引き受け、グループの関係性を維持しようとする。

そうであるならば、序列の形成に関与する「人気者」という指標は、確かに表面的なものにすぎないかもしれない。子供たちの行動様式を規定する集団の「暗黙の規範」を、心身の発達段階と関連づけて精神医学的に分析・解明する私の立場からも頷《うなず》ける面が多々あった。

たとえば、序列の下位層の子供は「授業中に手をあげる権利がない」「自分から話題を振らないようにする」「休み時間にはしゃいではいけない」と、半ば自発的に自らの言動を律している。実は、同じことは序列の上位層の子供にもいえる。彼らは「自分の地をだして好きにふるまっている」ように見える。しかし、それはあくまでも外からはそう見える（そう見えるようにうまく演技している）からに他ならない。彼らもまた、上位序列として「こうふるまうべき」という内在化されたルールに縛られ、たとえ自分の意に反することでもそれに従っている。ルールからはずれた言動をすると、下の序列に落とされかねないからだ。

一軍のルールでよく聞くのは、「教師と気の利いたやりとりをして皆を笑わせる」「仲間同士で気まずい雰囲気になったら、当意即妙のギャクでその場を和ませる」などで、時にやりたくなくても引き受けなければならない。

教室やグループを統制する役割を担う序列上位者は、それだけ責任が重いことも自覚しており、彼らにのしかかるストレスもそれだけ大きい。むしろ、下位に甘んじていたほうが精神的にはラクかもしれないのである。

このように、スクールカーストの序列に組み込まれている限り、どの序列に属していようとも、周囲の空気を読みながら自分の役割を演じ続けなければならない。

私がこの話をもちだしたのは、今回の入試改革が、スクールカースト上位層におそらくは有利に働くからだ。

今回の入試改革では、二次試験は、面接を中心に小論文、集団討論、プレゼンテーションなどが課されることになるが、それは、基礎学力とは無関係なある属性を備えた生徒を優遇することになりかねない。その属性は、まさしくスクールカーストの上位層が有する資質と（イコールではないにしても）かなり親和性が高いものであるというのが私の分析である。もちろん、前述のように教育産業の対策で、ある程度の挽回はできるかもしれないが、少なくとも学校の調査書では、カースト上位層の子のほうがよい点をとる傾向がはっきりと示唆されている。鈴木氏の研究では、教師の側はカースト上位の子供をコミュニケーション能力が高いという能力の問題とみているが、生徒の側は、権力構造とみているとのことだ。意欲や態度がよければいい点がつくとわかっていても、カースト下位の子は、自分には発言の資格がないと思っている。そして、教師はその構造が見抜けずに、カースト上位の子の意欲態度に高い点をつけ、そうでない子に低い点をつける。

これまでのペーパーテスト一発の試験であれば、下位層の子供でも、一所懸命に勉強すれば東大でも医学部でも行きたい大学に行ける自由があった。

その中には、自己表現は下手でも、数学や物理でいったんハマるとものすごい集中力や探究力を発揮する子もいるだろう。そういう子供たちが、将来技術職や研究職に就き、その能力を遺憾なく発揮する。戦後、日本が技術立国の地位を確立できたのも、職人気質の技術者・研究者の層が分厚かったからである。

いわゆる「職人」は、口下手でもコミュ力が多少欠けていてもかまわない。むしろ、「匠の技」を追求するには、多少偏屈なところがないとダメだとすら思える。しかし、文科省や財界は、こうした「職人気質」は時代遅れでグローバル社会に適応できないといい、大学入試制度をムチャクチャなものにしようとしているとはいえないだろうか?

東大がスクールカースト上位層の集まりになれば、これまで以上に鼻持ちならない学校になりかねない。下のものは自分に従うのが当たり前と考え、自信満々にふるまう人間の集まりになるということだからだ。

もちろん、そのような自己アピール力が高い東大卒が増えれば、海外との交渉事などでは、もっと堂々として、強気になれる人が増えるかもしれない。

しかし、これまでであっても、高い学力があるゆえに、外交交渉などを除けば、日本の経営者や官僚たちは意外にアメリカ人とも堂々と渡りあえたのである。学力が担保されなくなれば、逆に騙《だま》されやすいということは十分にあり得る。

それ以上に、私がまずいと思うのは、スクールカースト上位層が社会的階層の上位にそのまま上がっていくことで、さらに身分が固定化したり、一生の運命がそう変わるものでないというあきらめが蔓延してしまうことだ。

勉強さえできれば、カースト下位でも「見返す」ことができるほうが、私には健全に思える。

リスクヘッジなきアメリカ型改革の危険性

今回の入試改革は、たぶんにアメリカ型社会の到来を意識したものだと私は考えている。

終身雇用や年功序列を廃して、競争型人事を行い、不要な人材はリストラするという形は、雇用市場が成熟していないうえ、その枠からはずれた人は社会的に敗残者という価値観が残る中で断行された。そのために、雇用不安で人々がお金を使わなくなり、消費不況を長期化させた。またリストラをされた人の自殺が相次ぎ、14年間にもわたって日本の年間自殺者数が3万人を超すことになった。

　きちんとした雇用市場を用意したり、人々の価値観を変える啓蒙《けいもう》をしっかりしたり、あるいは、リストラにあった人の心のケアのシステムをしっかり整備していれば、こんなことにならなかったはずだ。

　今回の改革にしても、「従来型の学力」が維持できる保証のシステムがまったく用意されていない。たとえば、面接で落とされた際に、人格を否定されたと思い、絶望あるいは自殺につながりかねない。対策さえしっかりすれば翌年十分受かるという啓蒙や、落ちた人の心のケアのシステムをしっかりと構築しておかないと、雇用改革の悲劇の二の舞になりかねない。

　アメリカだって、初等中等教育では基礎学力重視の方向に向かい、それによって高まった数学力で金融市場を席巻しているというのに、日本が、ゆとり教育の時と同様になぜ、アメリカが事実上捨て去った改革をやるのかが私にはわからない。

　この改革の怖いところは、前にも述べたように、絶対に正しいとつくった側が信じていて、うまくいかなかった時のリスクヘッジを用意していないことだ。

　東大の入試を改革するなら、京大は従来型の入試を続ける。たとえば、そういう方法をとることだって可能だ。それだけで、ずいぶんリスクが回避できる。

流動性の世の中で、絶対に正しいことなどそうあるものではない。それがあると信じる人たちがつくった改革であることが本当に怖い。

そして、この改革が結果的に、努力で階層が逆転できるというジャパニーズドリームにとどめを刺し、そうでなくても始まっているアメリカ型格差社会化をさらに加速させるということが私の杞憂《きゆう》で終わることを心から願っている。

エピローグ　これからの時代を生き抜くために

これからの子供に必要な「学力」とは

本書では、２０２０年度からの新制度入試批判を通じて、受験学力とは何かを論じてきたわけだが、受験学力の中にはこれまでの日本人の学力を守るだけでなく、これからの時代に必要な学力もあるということを私も認識している。

私がもっとも声を大にしていいたいのは、これからの国際化社会や長寿社会では、大は小をかねるだろうし、その能力を得るためには多少時間がかかってもいいということだ。

要するに、従来型の学力だってあるに越したことがないし、文科省のいうような学力の３要素や、生きる力もあって悪いものではない。ただし、それらの能力を全部身につけるには、これまでのように大学４年生までだけでなく、大学院も利用しないといけないし、生涯教育も必要だということだ。

プロローグでも述べたように、日本は世界の先進国の中で、世界最下位レベルの低学歴社会になっている。しかし、これまでは会社が教育機関のようになっていたので、会社で、仕事のやり方を学ぶだけでなく、人間関係の構築スキルやコミュニケーション能力のようなものまで教わってきた感がある。

ところが、終身雇用が崩壊したうえ、できがよくなると引き抜かれるリスクが生じてきたこともあって、会社が即戦力を求め、時間をかけて人材を育成するという気風がなくなってきた。それに対して、日本の場合、生涯教育のシステムはほとんどないに等しい。せいぜい勉強会やセミナーレベルである。

私も、アメリカと比べて、日本は医者になってからの教育システムがなっていないことは痛感している。そのため、いまだに3か月に1回ロサンゼルスに精神分析の指導を受けに行っているが、これは医師に限ったことではないだろう。

今回の入試改革は、高校生までに学力の3要素や生きる力の完成を求めているように見えるが、このような事情を考えると、そういうものは、大学で身につけさせ、大学院で専門教育を行っていくというほうが妥当に思える。

寿命がこれだけ延び、おそらく定年あるいは働かないと食べていけない期間も延長の方向に向かうだろうから、社会にでる時期が少々遅くなってもそれほど問題はないのではないか？

そう考えれば、初等中等教育の間は、従来型の学力をみっちりとつけると同時に、第4章で論じたようなさまざまなノウハウ学力を受験勉強で効率的に身につけるのが賢明のように思えてならない。

大学以降で身につけたい新しい学力

さて、第3章では大学に入ってから身につけるべき学力について論じてきたが、私も、時代の変化に伴って従来型の知的能力では足りない部分がでてきたことは確かであるように思う。

そこで、私が考える新しい時代に必要な学力をいくつか提示したい。これらは一般の労働者というより、むしろエリートに必要な能力だが、誰もがもつに越したことはないと信じている。

一つは、上から与えられた問題を解ける人間（これは工業化社会では必須の能力といわれた）ではなく、自ら問題を発見できる人間が成功者になれる時代（これが知識社会である）がきたということに対応する学力である。

私は、この問題発見能力につながるものとして「**知的好奇心**」をあげたい。

これを真っ先にあげたのは、さしもの受験勉強擁護者である私でも、受験勉強によって知的好奇心が喚起できるといい切る気持ちになれないからだ。

確かに受験勉強でよい点をとる体験を通じて勉強が楽しくなる生徒もいるだろうし、最近の教育心理学の動機理論では、最初は外発的動機づけ（飴と鞭で勉強させる）で、ある程度無理やりに勉強させながら、だんだん勉強そのものが面白くなったり、自分の充実感のために勉強する、つまり内発的動機をもつように仕向けるのが理想的なパターンだとしている。

つまり、受験勉強を通じて、知的好奇心が高まる可能性はないわけではない。

しかし、一方で多少知的好奇心を抑えてでも、前に進むのをがまんしてしっかり復習をしろというのが、和田式受験勉強法の一つのテーゼであったわけだから、私が今さら知的好奇心をもつべきだといえる筋合いでないという反省はある。

だから、大学に入ったら、知的好奇心を大事にしようといいたいのだ。

もちろん受験生の時でも、和田式受験勉強法や、先行逃げ切り型の受験勉強を通じて、少しでも短い時間で、たくさんの量の受験勉強をこなせるようになったら、その余った時間を、ゲームやテレビでなく、自分の関心のもてそうなこと（パソコンなり、読書、特に理系の読書）に時間をかけるなどして、知的好奇心を高めておくに越したことはない。

一つのテクニックとして、子供の頃と同じように、当たり前と思えることにも、いろいろと

「なぜ」と考えてみるのもいいかもしれない。私も自らのいろいろな成功体験に「なぜ」と考えることで、次の成功体験を生みだしていった自負があるのだ。

二つ目に、私が提起したい学力に「**知的体力**」というものがある。

21世紀は正解のない時代といわれている。

たとえば物づくり一つとっても、20世紀であれば、少しでも安くたくさんつくることができれば市場を制することができた。あるいは大きなものを小さくしていけば売れた。あるいはアメリカを手本にしていれば、それなりにビジネスがうまくいった。

しかし、物あまりの時代になると、安くてもほしくなければ買わない。アメリカのモデルもそうそう通用しなくなった。理論的には、このようにすれば利益がでるはずなのに、予想通りにいかないなどということも往々にして起こる。

要するに、いろいろなビジネスについて、何がうまくいくかわからないから、さまざまな仮説をたてた上で、実際に試してみる必要が生じてきたわけだ。もちろん、一つ目の仮説がうまくいくとは限らない。むしろうまくいかないほうが多いだろう。その際に、もう一度仮説をたて直して、新たな試行を行うということをうまくいくまでやり続けた人間が成功者になれるということだ。

このためには三つの能力が必要となる。

一つ目は、新たな仮説を次々と考えつくことができる知性である。もちろんいわゆる知識が豊富なほうが思いつきやすいだろう。

二つ目は、それを実行できる体力である。これには資金的な体力も含まれるかもしれない。日本マクドナルドの創業者である故藤田田《でん》氏は、ベンチャーを始める人は、全財産の3分の1でやるようにアドバイスをしている。要するに1回目で成功するという甘いことを考えるなという意味だ。1回目の失敗で、何が悪かったかなどを検討した上で、もう一度チャレンジする。資金的には3回までのチャレンジが可能ということになる。いずれにせよ、失敗してももう一度やる体力が成功のカギになるし、いくらアイディアを思いついても実行に移せない人間は成功者になれない。

三つ目は、失敗してもめげずにもう一度チャレンジしてみようと思える精神力だ。

この三つを組みあわせて私は知的体力と呼んでいる。

これがあれば、正解のない時代でも、新たなビジネスや新たな発見を見いだし、成功を重ねていけると私は信じている。

この知的体力が受験勉強を通じて得られるかであるが、暗記数学であれこれと自分の知っている解法を試す試行力はこれに通じるものだし、いろいろな勉強法を試してみることも知的体力のトレーニングの一種といえるかもしれない。

いずれにせよ、受験勉強をやるに際して、与えられたことばかりをこなしていくというカリキュラム型の勉強パターンより、自分を伸ばしてくれそうなことを貪欲にとり入れるアグレッシブな態度のほうが、この知的体力の涵養《かんよう》につながることだろう。

最後に私が提起したい能力は、「**知的謙虚さ**」である。

たとえば東大に受かったり、大学教授になったりすると、自分のことを頭がいいと思い込んでしまう。すると、人の話が聞けなくなったり、それ以上の勉強をしなくなったり、いろいろな物事を調べなかったりという弊害がすぐに生じる。

頭がいいと思った時点で、人間の成長が止まるといわれたり、裸の王様の寓話《ぐうわ》がでてくるのはそのためだ。

しかし、自分はまだまだ知らないと思い、さらに勉強をしようと思う気持ちがあれば、人間はいくつになっても成長できる。

和田式受験勉強法で私が強調するのは、勉強ができない際には、「キミの頭が悪いのではない、やり方が悪いのだ」ということだ。あきらめるよりやり方を変えろと勧めるが、それによって難関大学に合格できた人には、「頭がいいと慢心してはいけない。やり方がうまくいっただけだ」と伝える（もちろん、今後もやり方がうまくいけば成功が続けられるとも）。

この知的謙虚さの欠如のため、多くの高学歴者が嫌われたのだろうし、こういう人は将来伸びないで、「東大でてもダメ」などといわれるのだろう。

これからの時代、情報や知識はどんどんアップデートされていく。知的謙虚さの重要性は今後ますます増してくることだろう。受験勉強の勝者でも、うぬぼれるか知的謙虚さをもつかで、その将来は大きく違ってくるはずだ。今回の「答申」や「最終報告」は絶対の正解だという思い込みが強く、知的謙虚さが感じられないのが残念だ。

受験勉強で身につけた力をどう役立てるか

本書を読まれる人の中には、教育関係者もいるだろうし、子供の将来を案じる親御さんもいるだろう。

さらに読んでもらえると嬉しい人に、自分はそれなりに学校歴も高いのだが、つまり受験勉強で成功した、受験学力は高かったのだが、それでいいのかと疑問に感じたり、それが思ったように社会的成功に結びついていない人がいる。

そういう人に、受験で得たものが大きいということをあえて伝えておきたいのだが、私なりに、それで得た能力をどう活かすかについて提言をしてみたい。

私は、受験勉強を通じて身につけた能力を、社会にでてから活かすためには、自分にどんな能力がついたのかを意識することが必要だと考えている。

たとえば数学の勉強一つとっても、受験を勝ち抜くためとか、純粋に数学力をつけるためだけに勉強するのだと思っていれば、その勉強した結果を汎用化するのは、それほどうまくいかないかもしれない。しかし、たとえば証明問題をやることで論理的思考力を身につけているのだとか、既知の解法パターンをあてはめて未知の問題を解くことが認知心理学でいうところの推論のトレーニングになっているのだということを意識してみる。そうすれば、社会にでた後、新たな課題（たとえば今の業務のコストパフォーマンスを上げよなど）を与えられた時、それにまつわる知識をあれこれ勉強して、その知識を加工したり、工夫したりして、その課題に解答をだせばいいのだという発想がでてきやすいだろう。

前述のように和田式受験勉強法の元読者の何人かが、司法試験受験に際して、和田式の暗記数学と構造が似ていると語ってくれたのも、そのような意識をもつことが、他の勉強への汎用を容易にしてくれる典型例だと私は考える。

受験勉強など暗い過去だと思わずに、そこでどのような能力が身についたのかを総括してみることが、眠っている能力を掘り起こすきっかけになるかもしれない。受験生の場合は、あえてどのような能力が身につくのかを意識するほうが、その能力は後々使えるものになるはずだし、受験生の親御さんも、このように役立つのだと子供に伝えるべきだろう。

プロローグでも紹介したことだが、ものの考え方を変えれば、受験勉強を通じて対人関係をよくすることもできるのだ。ただ、大学（あるいは中学や高校）に合格するのでなく、受験勉強で、社会にでて必要な能力が身につくと意識を変えるだけで、やる気にもつながるだけでなく、その能力が後々使えるものになることを知っておいて損はない。

ところで、受験の成功者にありがちなパターンとして、自分は頭がいいから大学に受かったのだとか、小さい頃から努力してきたとか、比較的単純な理由で自分の合格を総括したり、合格して当然という風に思っている人が少なからずいる。

しかし、私はありとあらゆる成功体験には、それなりの理由があると思うし、それを分析する必要があると考えている。そうしないと同様の成功体験に再現性が期待できなくなるし、他の成功体験に結びつけることも難しくなる。

よしんば、それが純粋に運の力と思われるような成功体験であっても、これは自分の実力でなく運がよかっただけだと分析できれば、同種の仕事を安請けあいしなくなるだろうし、次は運に頼れないからと考えて努力もするだろう。

私自身、和田式受験勉強法を編みだしたのも、受験の世界では最高峰といわれている東大理三に合格しても、自分がそんなに頭がよかったとは思えず、やはりやり方がよかったから合格したのだろうと総括して、何がうまくいったのかを分析したことから始まった。そのエッセンスを一つ年下の弟に教えて、それが成功に結びついたのは前述の通りだ。その後、家庭教師などを通じて、和田式の勉強法でやってうまくいった体験を重ねて、結果的に私の受験勉強法の本がベストセラーになったのだ。

自慢話のようになるが、その後、私は常に何が勝ちパターンになるのかを考えて人生を歩んできた。勉強法の本が売れたら、それを教育産業に結びつけた。そうすると、収入が増えるばかりでなく、スタッフを大勢雇うことができるために、常に良質の、また最新の受験情報に接することができる。受験産業や本の印税でお金ができたら、そのお金をもとに留学することで、それまでの出版社とのコネクションと最新の精神分析の知識を結びつけることが可能となった。文化人になるというのも計算づくのことだ。

しかし、こういうことができるのも、自分にいわゆる才能（たとえば小説を書く才能とか、ハイレベルの研究業績を残す才能）がないことがわかっていたからだ。

つまり、これまでの成功体験と自分の能力特性を分析しながら、より現実的な成功の設計図を描いたからなのである。自分が頭がいいとか、才能があるとか思っていたら、こんなにせこい計算づくの人生など歩んでいなかっただろう。

もちろん、私も何らかの運も手伝って、どちらかというと成功した部類だとは思うが、やはり人間というのは、自分の長所がわかっている人が強いし、さらにいうとその長所がなぜうまくいっているかを分析できている人が強い。たとえば、自分は試験に強いと思えれば、そしてなぜ試験に強いのかが分析できていれば、他の資格試験にも強くなれるだろう。自分は人に好かれると思うのなら、なぜ好かれるのかが分析できれば、別の環境でも人に好かれることができる。

プロと呼ばれる人のインタビュー記事や成功伝などを読んでいても、人に負けないようなある長所をもち、それがなぜうまくいっているかが分析できて、さらにそれを伸ばしていける人が、一流さらには超一流と呼ばれているようだ。イチローなどを見ていても、ヒットの数のみにこだわり、他の点で無理をするとか、欠点を直そうとするより、40歳をすぎた今でも自分の長所をさらにすごいものにしようとする姿勢に感動させられる。

私にしても、才能がないと見切った小説や医学の世界での出世をあきらめ、人に勝っていると思える受験産業や競争相手の少ない老年医学、あるいは得意分野であると自覚している心理学をわかりやすく解説する能力に特化して、それを前面にだし、成功の理由を分析しながら方法論を抽出し、さらにその方向で努力しているから、何とかそれぞれの世界で成功者のように扱われるのだと信じている。

人間の認知構造というのは、一般に自分に対しては長所より欠点が気になり、他人に対しては欠点より長所に気づく（「隣の芝生は青い」）ものなのである。これは『ＥＱ』の著者であるダニエル・ゴールマン氏がアメリカ人の調査でも同様だといっているくらいだから、日本人だけが奥ゆかしいのではない。洋の東西を問わないのだろう。

しかし、他人が気にするのが自分の長所である以上、自分の欠点をなくそうとするより、長所を伸ばしたほうが、相手へのアピールは強くなる。一方、人間というのは自分の長所に気づかないものでもある。受験の成功者である教育学者や官僚や財界の成功者たちが審議会の委員なのに、現行の入試で得られる学力を「従来型の学力」と簡単に切り捨てられるのもそのためだと私は考えている。

だからこそ、自分の長所を探すトレーニングが必要なのだ。

受験勉強では、自分の得意科目、苦手科目がはっきりするので、ある程度長所と短所ははっきりわかる。そこで得意科目がなぜ得意なのかを分析して、さらに伸ばしていくことで苦手科目の負担を減らすのが、これまで述べてきた通り、実は受験の王道なのである。この技術を汎用化して、自分のその時点、その時点での長所を見いだし、その強さの秘訣《ひけつ》を分析し、それを伸ばしていくことができれば、社会生活でも勝者になれる可能性は大きい。

もう一つ、自分の長所を分析することのメリットは方略思考が身につくことだ。

教育心理学の世界では、勉強がうまくいかなかった際に、努力や才能が足りないのではなく、やり方が悪かったと考えて、別のやり方で解決しようとする思考パターンのことを方略思考と呼んでいる。方略思考が身につけば、あきらめずに成功するまでやり方を変えて、勉強が続けられるので、好ましい学習態度とされている。

自分の成功が、頭がいいせいや、これまでの努力が莫大だったためでなく、やり方がよかったおかげと思える人は、他人の成功に対しても、向こうは才能があるとあきらめるのではなく、その秘訣があるはずだと思える。そして、自分に役立ちそうだと思えば、他人の成功ノウハウをとり入れることができる。また、自分がうまくいかなかった際も、やり方が悪かったせいだと考えることができて、別のやり方のパターンを試してみる気にもなるだろう。

このような方略思考を身につけるためにも、受験の成功を将来の社会での成功に結びつけるためにも、自己の長所を見いだし、さらにそれを分析する姿勢が必要であると私は信じている。

もう一つ強調したいのは、受験勉強が性格形成に影響を与えることだ。

よきにつけ、悪しきにつけ、受験勉強というものはくそまじめな性格の人間をたくさん生みだしているようである。

それを感じた一つのきっかけになったのは、日本の医者たちを見てきた経験からだ。

巷《ちまた》では、日本では受験秀才が医者になるから、患者に対する愛情も乏しいし、人間味に欠けた医者が大量生産されるのだという批判は今もって強い。そのために、多くの大学の医学部で入試面接を採用したほどだ。

受験秀才が本当に人間性に欠けているのかについての疑念は、少なくとも受験を通してEQ的な能力は身につくはずだと私が考えているのは前述の通りだが、この問題を考えるうちに、実は医学部の入学が難しく、受験秀才が医者になっていることのほうが、むしろ、日本の医療のためにはよいのではないかと思うようになった。

第2章でも問題にしたように、日本の場合、腕をよくするインセンティブがないのに医療ミスが比較的少なく、医療技術の水準も悪くない。

その理由は、前述した「ミスらん力」の他に、まじめで手が抜けない性格の人間、あるいは人に負けたくない性格の人間が医者になっていることが大きいのではないだろうか？

もちろん、人の命を救うのに燃えているような人間がなるからだという説もある。ただ、それについては外国の医者も条件は同じだろう。しかし、外国では給料の差や地位の差のようなインセンティブがないと医者が一生懸命働かないとされている（もちろん、国境なき医師団のようなボランティアをする医師もたくさんいる。ただ、ボランティアの時はともかくとして、彼らの本国では、特にアメリカでは、貧しい患者用の病院の医療レベルの低さは問題になっているのは確かだ）。

日本の医学部受験が非常に難関なので、どうしてもまじめな性格の人間が合格するし、勉強や努力に抵抗がない。ちょっとしたことに手が抜けない人間が医者になるということがあるのではないか？　つまり、これで医学部の入試が簡単なものとなって、面接で性格のいいと思われる人間ばかりを入れるようになれば、要領よく手を抜くような医者がむしろ増えるのではないかと考えてしまうのだ。実際に、一生懸命努力しないと医学部に入れないから、努力をしたり、まじめにやったりというタイプの人間が医者になってきたのは事実だろう。

また受験の競争がぎすぎすした人間をつくり、ぎすぎすした医者をつくると批判する人が多いが、このおかげで競争の好きな人や、人に負けたくないようなタイプの人間が医者になるという側面もある。同僚に腕や臨床能力で負けたくないから、腕を磨くのだろう。

こう考えると、受験勉強というのは、性格形成という面で意外に、ポジティブな影響力をもつように思える。

今の時代、まじめで手が抜けないような人間は、創造性やリーダーシップのある人間にいいように使われる「指示待ち」人間（実際、医局にいる人間はおそろしいほど従順な人が多い）で、こういう人間が多いから日本が停滞するようにいわれる。しかし、企業にしてみたら、上層部はともかくとして、一般レベルの社員は、こういうまじめな人間の層が厚いほうがありがたいことは無視できないだろう。おそらく日本最強の企業のトヨタなどは、このような社員が分厚いから、常に「カイゼン」を行い、クオリティの高い車をつくり続けていられるのだろう。

大体、まじめで手が抜けない人間と、創造性やリーダーシップは二律背反のものではない。両方兼ね備えることも可能だろうし、そのほうが好ましい。逆に考えたら、リーダーがいくら創造性やリーダーシップに優れていても、ちゃらんぽらんで、平気で手抜きをするような人間であれば、一時はうまくいっても、長くは続くまい。日の出の勢いのベンチャー企業で最終的にダメになった例を見ても、この手のアイディアにだけ優れたワンマン社長のケースが意外に多いのだ。

受験がまじめな性格、競争好きな性格を形成するとすれば、それは決して欠点ではなく、手抜きをしたり頑張れない若者が増え、意欲や競争心が乏しくなってきている今の時代では、貴重な性格形成の手段と思うべきだろう。

ただ、まじめな人間は、前にも問題にしたメンタルヘルスに悪い完全主義、満点主義に陥りやすいという弊害がある。いったん、満点主義に陥ってしまうと、ちょっとしたことが、自分を責める原因になる。何事にも完全を求めるから、過労の原因にもなりがちだ。

しかし、私が本書で強く主張しているように、受験というのは、満点でないと合格できないものではない。むしろ、満点主義を捨てて、合格者の最低点をとれればよいと思えるところから展望が開けてくる。

手前味噌《みそ》になるが、こう考えると、受験を通して、人が陥りやすい完全主義を脱却するためにこそ、和田式の合格点主義が有効なのだと主張したい。

満点でなく合格点レベルでいいから、受験の日に間に合わせないといけないという発想を身につければ、仕事の効率も上がるだろう。満点にこだわっても本当にそれが満点とは限らないし、納期が読めたほうが会社側としては計画通りにプロジェクトを進めることができることもあるのだ。

受験勉強は常に自分を向上させ、より高い目標を求めるもののように思われがちだが、受験を通じて満点主義を捨てて、合格点主義を身につけることができる人のほうが、その学習能力を社会にでて汎用できるといっていいだろう。

やり方さえ間違えず、それをうまく自覚できれば、受験の成功体験は必ず役にたつ。むしろ、受験の時のことを思いだしたほうがいい。

我々くらいの歳になると（もっと前からそうだが）、記憶力が悪くなったと嘆く人は多い。しかし、受験の時のことを思いだせば、あの時だって1回で覚えられなかったと気づくだろうし、あの時の記憶のテクニックをもう一度使ってみようと思えたら、また記憶力が蘇《よみがえ》るかもしれない（さすがに受験生の時のレベルにまで戻らないかもしれないが、今よりはよくなるはずだ）。

そう考えると、受験勉強というのは難関大学に入るためだけのものではない。「答申」や「最終報告」がいうように学歴をつけるより、生きる力を身につけるほうが大事だとすれば、逆に現行の受験勉強が大切だと私はいいたいのだ。

私立中学を目指さなくても、今の公立学校の教育で満足するより、中学受験の勉強をしたほうがいいと地方の小学生に私が説くように、受験制度が変わっても、現行の難関校を突破できるような受験学力を身につけるほうが将来のためだといいたいのだ。

そのほうが小手先のテクニックで小論文（形式が優れていても中身はやはり受験生レベルでは知

れているだろう）や面接を勝ち抜いて東大に入った人より、よほど社会にでて強いはずだ。

逆説的になるが、今回の入試改革で、企業も学校歴では安心できなくなるし、もっと個人の中身を見るようになるかもしれない。

ただ、人間の価値観はそう変わるものではない。

受験生たちも、旧来の名門大学に受かるために、記憶力や推論能力、合計点主義のトレーニングの時間を削ってでも面接や小論文の対策に取り組むことだろう。企業も、しばらくは、やはり学校歴で人を見ることだろう。

文科省からの補助金が少し削られても、「うちはペーパーテスト学力が高い人間をとるのがアドミッション・ポリシーだ。学力の３要素や、生きる力は大学入学後に責任をもってつける」という学校が現れることを心から期待したいし（その学校は、おそらく予備校の偏差値では東大に勝つことになるだろう）、それが無理なら財界がお金をだしあって、そういう子の受け皿になる大学（合格したら奨学金１０００万円とかいえば、面接が苦手だったり嫌いだったりする東大レベルの秀才がこぞって受けにくるはずだ）をつくってほしい。

少なくとも、私は、受験勉強を通じて、一つの答えで満足をしてはならないという人生観を得たので、文科省や改革推進派の人のように、自分たちのいう「学力」だけが正しい学力という気はない。つまり、現行の受験学力だけがこれからの時代に必要な能力だとはいわない。しかし、受験で身につけることのできるノウハウ学力はこれからの時代に、有効な能力の一つであると私は信じている。

子供をもつ親も、受験の成功者と思っている人も、これまではうまくいかなかったがこれからの人生で挽回したい人も、そこに賛同していただければ、著者として幸甚この上ない。

あとがき

この本で私が訴えたかったのは、なんのために受験勉強をするのかということである。

確かに日本の子供たちの多くは受験を動機にしないと勉強をしないところがあるから、少子化や大学の定員増などで受験が簡単になり最低限必要な基礎学力が身につかないというのは深刻な問題であり、受験勉強には一般的な学力をつけるためという側面はあるだろう。

文科省は、学力の3要素や生きる力の指導を行えといい続けてきたわけだが、それを受験に課さないと、その手の力がつかないからということで、今回の改革を断行しようとしている。

私が、本書でいちばんいいたかったことは、受験勉強の本当の意味は、従来型や学力の3要素のような直接的な学力より、さまざまなノウハウ学力がつけられるということなのだが、その中でもっとも重要な能力は「監督」としての能力だと考えている。

もちろん、戦力が話にならないレベルであれば、いくら監督が優秀でも勝てないだろうが、あるレベルに達していれば、監督次第で戦力差を跳ね返すことができる。

野球であれば、相手がエースをだしてきた時は捨てても、残りの試合で勝ちにいくというような戦略や、選手の特性をよく把握して適材適所に使う用兵術など、全部勝つのは無理でも、優勝ラインに到達させるのが名監督といえるだろう。

受験勉強というのは、この手の監督の才能が重要な鍵を握る。スケジュール管理もさることながら、自分の能力分析を通じてとれるところでとっていって、できないところは素直に認めて、それをどうリカバーするかを考える。ミスを減らして、勝てる試合を落とすことを最小限にするのも同様だ。

こういう監督としての能力を受験勉強で身につけて、東大なり難関大学に入った人を私は何人も見てきたのだが、こういうことは自分では気づかないことが多いのも事実だ。こういった戦術を考えることなく、教師にいわれるままに勉強して「学力」を高めることで合格する人は珍しくない。むしろ多数派だろう。

しかし、そういう意識で受験勉強を行えば、その手の能力はつきやすいだろう。私も、受験生のとき、いろいろと苦手なものを残しながら、自分が監督になることで日本で受験の最高峰といわれる学校に合格できたのだが、この体験が今も生きていると考えている。

今回の改革では、従来型の学力とその悪い点ばかりを論《あげつら》い、いい点の分析がほとんどなされていない。おそらく、審議会の学者たちは、そういう視点をもって受験勉強をしなかったように思えてならない。いい点を活かし、悪い点を直していくのは監督の力量である。

たまたま、本書を書き終えた後、高校の後輩で、起業に成功した人と話をする機会があった。

「灘校の頭のよさは一味違う」と彼がいう。

普通の秀才は、いわれたとおりにいい点をとろうとする（仕事の場合は、上からの指示に対してベストを尽くす）が、灘の連中はまず仕組みをつかもうとするというのだ。確かに、私だって、440点満点で290点とって東大理三に合格できれば、中間過程はどうでもいいと思えたから楽な気持ちで受験ができた。仕組みをつかまないで勉強をしていても進捗状況が把握できない。

でも、これは先天的な能力というより、受験を通じて得られた能力だと私は信じる。すべての灘校生がそこまで賢いとは思えないからだ。むしろ受験期間中の文化によるのだろう。

こういう能力を得るチャンスを政治家や役人、学者の思い込みで奪うことはどうしても許すことができない。賛同して頂ける方が一人でも増えることを心から祈っているし、そのための本をだす編集の労をとってくださった集英社新書編集部の金井田亜希さんには深謝したい。

和田秀樹（わだ ひでき）

一九六〇年大阪府生まれ。緑鐵受験指導ゼミナール代表。和田秀樹こころと体のクリニック院長。国際医療福祉大学大学院教授、川崎幸病院精神科顧問、一橋大学経済学部非常勤講師。一九八五年東京大学医学部卒業後、東京大学医学部附属病院精神神経科助手、米国カール・メニンガー精神医学校国際フェローなどを経て現職。著書に『感情的にならない本』『難関大学も恐くない 受験は要領―たとえば、数学は解かずに解答を暗記せよ』『受験のシンデレラ』『大人のための勉強法』など多数。

受《じゅ》験《けん》学《がく》力《りょく》

二〇一七年三月二二日 第一刷発行
二〇一七年四月一一日 第二刷発行

集英社新書〇八七五E

著者……和田《わだ》秀樹《ひでき》
発行者……茨木政彦
発行所……株式会社集英社
東京都千代田区一ツ橋二-五-一〇 郵便番号一〇一-八〇五〇
電話 〇三-三二三〇-六三九一（編集部）
〇三-三二三〇-六〇八〇（読者係）
〇三-三二三〇-六三九三（販売部）書店専用

装幀……原 研哉
印刷所……大日本印刷株式会社 凸版印刷株式会社
製本所……加藤製本株式会社

定価はカバーに表示してあります。

ISBN 978-4-08-720875-7 C0237

Printed in Japan

「イスラム国」はテロの元凶ではない グローバル・ジハードという幻想
川上泰徳 0862-B
世界中に拡散するテロ。その責任は「イスラム国」ではなく欧米にあることを一連のテロを分析し立証する。

安吾のことば「正直に生き抜く」ためのヒント
藤沢 周 編 0863-F
昭和の激動期に痛烈なフレーズを発信した坂口安吾。今だからこそ読むべき言葉を、同郷の作家が徹底解説。

シリーズ〈本と日本史〉③ **中世の声と文字** 親鸞の手紙と『平家物語』
大隅和雄 0864-D
「声」が「文字」として書き留められ成立した中世文化の誕生の背景を、日本中世史学の泰斗が解き明かす。

近代天皇論 ――「神聖」か、「象徴」か
片山杜秀／島薗 進 0865-A
天皇のあり方しだいで日本の近代が吹き飛ぶ！気鋭の政治学者と国家神道研究の泰斗が、新しい天皇像を描く。

若者よ、猛省しなさい
下重暁子 0866-C
『家族という病』の著者による初の若者論。若者へエールを送り、親・上司世代へも向き合い方を指南する。

認知症の家族を支える ケアと薬の「最適化」が症状を改善する
髙瀬義昌 0867-I
一〇年以内に高齢者の二割が認知症になるという現代、患者と家族にとってあるべき治療法とは何かを提言。

日本人 失格
田村 淳 0868-B
芸能界の〝異端児〟ロンブー淳が、初の新書で語り尽くした自分史、日本人論、若い人たちへのメッセージ。

イスラーム入門 文明の共存を考えるための99の扉
中田 考 0869-C
日本人イスラーム法学者がムスリムとの無益な衝突を減らすため、99のトピックで教養や歴史を平易に解説。

たとえ世界が終わっても その先の日本を生きる君たちへ
橋本 治 0870-B
「資本主義の終焉」と「世界がバカになっている」現代を超えて我々はどう生きるべきか。著者がやさしく説法。

あなたの隣の放射能汚染ゴミ
まさのあつこ 0871-B
原発事故で生じた放射性廃棄物が、公共事業で全国の道路の下に埋められる!? 国が描く再利用の道筋とは。

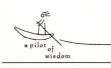